SECTEUR PUBLIC ET DROIT DE LA CONCURRENCE

Dans la même collection

La responsabilité pénale de l'expert comptable
par Maxime Delhomme *1998 - 180 p.*
Les montages en droit des sociétés
par Jean-Philippe Dom *1998 - 576 p.*
Les commandites
par Y. Faure *1997 - 230 p.*
Stock options
par J.-P. Valuet *1997 - 196 p.*
SARL — La création
par Gérard Lesguillier *1997 - 238 p.*
SARL — Le gérant
par Gérard Lesguillier *1996 - 200 p.*
Infractions boursières
par C. Ducouloux-Favard et N. Rontchevsky *1997 - 210 p.*
Sociétés de construction-attribution
par Pierre Walet *1997 - 492 p.*
La modernisation du droit des sociétés.
Premières réflexions sur le Rapport Marini
sous la direction de J.-J. Daigre *1997 - 106 p.*
La modernisation des activités financières
sous la direction de Thierry Bonneau *1996 - 314 p.*
Le contrôle national des concentrations en 25 questions
par Joëlle Salzmann *1996 - 220 p.*
Commissariat aux comptes
par Jean-François Barbièri *1996 - 290 p.*
Pactes d'actionnaires
par Jean-Jacques Daigre et Monique Sentilles-Dupont *1995 - 122 p.*
Société civile de construction-vente
par Pierre Walet *1995 - 194 p.*
Les groupements d'intérêt économique : GIE, GEIE
par Daniel Lepeltier et Gérard Lesguillier *1995 - 384 p.*
La société civile
par Gabriel Baranger *1995 - 240 p.*
EURL
par Patrick Serlooten *1994 - 166 p.*
Assocations. Fondations. Congrégations
par Daniel Lepeltier et Yann Streiff *1994 - 376 p.*
Société par actions simplifiée
par Alain Couret, Paul Le Cannu et alii *1994 - 216 p.*

ISSN 1.248.77.59 — ISBN 2.907.512.68.4
31, rue Falguière, 75015 Paris.
Tél. : 01.56.54.16.00
Fax : 01.56.54.16.46

PRATIQUE DES AFFAIRES

SECTEUR PUBLIC ET DROIT DE LA CONCURRENCE

NICOLAS CHARBIT
Avocat à la Cour
Freshfields

Préface de Laurence IDOT
Professeur agrégé à l'Université Paris I - Panthéon-Sorbonne

Du même auteur

Droit public des affaires, Lamy, 1999, sous la direction de Lucien Rapp.

Droit européen des affaires, Dunod, 1998, sous la direction de Philippe Corruble.

Rédiger un contrat, Lamy/Les Echos, 1998, en collaboration avec l'Union des Jeunes Avocats.

Catalogage Electre-Bibliographie

Charbit, Nicolas
Secteur public et droit de la concurrence. – Paris : Joly, 1999. – (Pratique des affaires)
ISBN 2-907512-68-4

RAMEAU :	concurrence : droit : France. entreprises publiques : droit : France.
DEWEY :	343.4 : Droit de la Défense. Droit fiscal. Législation économique. Réglementation des divers secteurs de l'activité économique.
Public concerné :	Professionnel, spécialiste.

Préface

Cet ouvrage vient à son heure. Depuis quelques années, le droit de la concurrence, tant communautaire que français, a étendu son emprise à tous les secteurs de l'activité économique, en particulier au secteur public. La confrontation ne s'est pas toujours faite sans heurts, comme l'ont illustré les débats parfois vifs sur le principe même de l'applicabilité des règles de concurrence, en particulier en France.

Cette question préalable étant maintenant enfin résolue sous l'influence indéniable du droit communautaire, il s'agit dorénavant de mettre en œuvre effectivement ces règles, en particulier de garantir l'égalité des chances entre le secteur public et le secteur privé. Le développement récent du contentieux démontre l'importance des enjeux.

La synthèse opérée par M. Nicolas Charbit sur ce sujet passionnant est particulièrement utile. En qualité d'avocat spécialisé en droit économique, il était bien placé pour montrer la désagrégation des distinctions classiques (droit public/droit privé ; droit communautaire/droit interne) et la nécessité de revoir les modes de pensée qu'entraîne le droit de la concurrence. Cet ouvrage ne pourra que retenir l'attention tant des acteurs de la vie économique que des juristes qui désirent s'initier à ce sujet. Il suscitera également la réflexion des lecteurs plus avertis.

Laurence Idot
Professeur agrégé à l'Université de Paris I – Panthéon-Sorbonne
Senior Teaching Fellow – Institute of European and Comparative Law – University of Oxford

SOMMAIRE

Introduction 11

PREMIERE PARTIE

COMMENT LE DROIT DE LA CONCURRENCE VIENT AU SECTEUR PUBLIC

1. LE DROIT FRANÇAIS DE LA CONCURRENCE 15
   - **1.1. L'application de l'ordonnance de 1986 aux activités économiques des personnes publiques** 16
   - **1.2. L'exercice d'une mission de service public** 27
2. LE DROIT COMMUNAUTAIRE DE LA CONCURRENCE 37
   - **2.1. L'application du droit de la concurrence à toutes les entreprises** 37
   - **2.2. L'exercice d'une mission de service public** 46

DEUXIEME PARTIE

COMMENT LE DROIT DE LA CONCURRENCE S'APPLIQUE AU SECTEUR PUBLIC

1. LA LIBERALISATION ET LE CONTRÔLE DES MONOPOLES 63
   - **1.1. La libéralisation des monopoles étatiques** 64
   - **1.2. Le contrôle des monopoles étatiques** 70
2. LA DIVERSIFICATION DES MONOPOLES 79
   - **2.1. Les risques de distorsions de concurrence résultant de la diversification** 80
   - **2.2. Le principe de séparation des activités de diversification** 86
3. LE CONTRÔLE DES AIDES D'ETAT 97
   - **3.1. Le droit français** 97
   - **3.2. Le droit communautaire** 101

« Nous souhaitons que la concurrence préserve le service universel,
le financement de ce service, et la péréquation des tarifs...
Il convient d'être pragmatique en démontrant que notre position
est dans l'intérêt du consommateur. »

Karel Van Miert, 11 juillet 1995

« Ne soyez pas aveugles en face du marché,
il ne faut pas s'imaginer qu'il réglera
tout seul tous les problèmes... le marché n'est pas au-dessus de la nation
et de l'Etat. C'est la nation, c'est l'Etat, qui doit surplomber le marché. »

Charles de Gaulle, 12 décembre 1962

Introduction

Il y a peu de temps encore, tout responsable d'une entreprise publique pouvait estimer ses activités à l'abri de l'application du droit de la concurrence. Le juriste n'était pas exempt de cet *a priori*, raisonnant par référence au principe bien admis selon lequel, à tout statut public correspond un régime exorbitant du droit commun, ou, tout au moins, certaines dérogations, comme le soulignait D. Berlin. Les interventions économiques des personnes publiques ont ainsi longtemps été considérées comme la terre d'élection du pouvoir discrétionnaire de l'administration.

Mais, bien au contraire, il n'existe pas d'immunité du secteur public au regard des règles de concurrence. Certes, leurs conditions d'application à ce secteur révèlent des spécificités nettes, telles que l'« exception » de service public (en fait, simple possible exemption, comme le souligne justement Laurence Idot), la théorie de « l'abus automatique » en matière de libéralisation, le « test de l'investisseur privé » en matière d'aides d'Etat, la question de la diversification des établissements publics... Mais le principe demeure celui de l'application du droit de la concurrence aux personnes publiques qui se livrent à une activité économique.

L'objet de cet ouvrage est de contribuer à délimiter un champ du droit de la concurrence spécifique, à la croisée du droit public (notions d'établissement public industriel et commercial, de service public, de prérogatives de puissance publique, de spécialité...), et du droit de la concurrence (ententes, monopoles, abus de position dominante et aides d'Etat). Droit carrefour, le droit de la concurrence appliqué au secteur public est également un droit jurisprudentiel, fruit de la confrontation des ordres juridiques français et communautaire, et inspiré par le mouvement général de libéralisation. A ces divers titres, il apparaît comme un droit sinon récent, du moins moderne en ce qu'il interroge les sources administratives françaises les plus anciennes pour répondre aux problèmes soulevés par la mise en concurrence du secteur public.

Comment, et dans quelle mesure, le droit de la concurrence peut être mis en œuvre au secteur public ? La réponse à cette double question passe par une approche théorique dans la première partie *(Comment le droit de la concurrence vient au secteur public ?)*, permettant d'y répondre de manière résolument pratique dans la seconde partie *(Comment le droit de la concurrence s'applique au secteur public ?).* Trois des principales difficultés aujourd'hui rencontrées par les opérateurs du secteur, ou leurs concurrents, sont examinées sous l'angle à la fois du droit français et du droit communautaire : la libéralisation et le contrôle des monopoles, leur diversification et le contrôle des aides d'Etat. Ces thèmes sont illustrés par de nombreux exemples issus de cas réels.

Le sujet, longtemps inexploré, commence aujourd'hui à faire l'objet de plusieurs thèses ou travaux publiés presque au même moment. Tout se passe comme si l'on tentait de rattraper le mouvement de libéralisation réveillée par dix ans de réformes législatives. Nous avons essayé, pour notre part, de poursuivre dans un même élan une pratique économique toujours plus inventive que le droit.

Nicolas Charbit
Paris, avril 1999.

PREMIERE PARTIE

COMMENT LE DROIT DE LA CONCURRENCE VIENT AU SECTEUR PUBLIC

La question de l'application du droit de la concurrence au secteur public va à l'encontre d'un principe bien établi, selon lequel, à tout statut public correspond un régime exorbitant du droit commun, ou tout au moins des dérogations (comme, par exemple, avec les clauses exorbitantes du droit commun contenues dans nombre de contrats administratifs) [1]. Pour autant, ce principe de droit public n'est pas sans aménagement. Ainsi, les services publics industriels et commerciaux (les SPIC), par opposition aux services publics administratifs (les SPA), relèvent du droit privé en ce qui concerne notamment leurs relations avec les usagers du service. Le législateur peut également décider de placer ces entreprises dans le droit commun en adaptant leur statut. Cette tendance législative, récente, est, à l'évidence, à replacer dans le contexte de libéralisation des monopoles. Tel est, par exemple, le cas de France Télécom pour laquelle la loi du 2 juillet 1990 dispose que « l'entreprise nationale » est soumise aux dispositions législatives applicables aux sociétés anonymes... pour autant que celles-ci ne soient pas contraires aux dispositions de cette loi [2] (1).

Cette situation contraste ainsi avec la (relative) clarté de la question au niveau européen. En droit communautaire, en effet, la question se pose dans des termes différents, tant il est vrai que ce droit d'inspiration libérale tend à aligner le régime du secteur public sur celui du secteur privé ; ainsi, la notion de service public est-elle sinon totalement ignorée, du moins ré-interprétée à l'aulne du marché intérieur. C'est donc en

---

1. D. BERLIN, « L'article 53 de l'ordonnance n° 86-1243 : Vrais problèmes, fausses solutions », *Revue DGCCRF*, n° 96, mars-avril 1997, p. 52.
2. L. n° 90-568, 2 juillet 1990, art. 1-1 al. 1 et 2.

faisant référence à une notion plus économique, celle de l'entreprise, que le droit communautaire tranche la question, là où le droit interne ne fait que la cisailler, de l'application des règles de concurrence aux activités économiques des entreprises publiques. L'on verra cependant que, par un étonnant retour aux sources administratives françaises de ce droit, la jurisprudence communautaire tend maintenant à faire référence à la notion de prérogatives de puissance publique, notion caractéristique de la théorie de l'Etat (2).

1

Le droit français de la concurrence

En droit interne, la question de l'application des règles de concurrence de l'ordonnance du 1er décembre 1986 aux activités économiques du secteur public semble *a priori* résolue par l'article 53 de ce texte, qui dispose :

> « Les règles définies à la présente ordonnance s'appliquent à toutes les activités de production, de distribution et de services, y compris celles qui sont le fait de personnes publiques, notamment dans le cadre de convention de délégation de service public ».

Le texte ne fait pas référence à la distinction de droit public entre services publics industriels et commerciaux et services publics administratifs, ni à aucun autre concept du droit public. Cette rédaction devait se révéler pleine d'ambiguïté soumise à l'interprétation des juges administratifs et judiciaires, désorientés par un critère inapplicable au regard de leur jurisprudence traditionnelle, et entraîner les plus grandes incertitudes, tant en jurisprudence qu'en doctrine. Les difficultés d'interprétation du texte sont telles que certains auteurs ont pu s'interroger, au regard d'un bilan coûts/avantages, sur l'utilité de l'article 53 [3]. La difficulté principale du texte est qu'il ne permet pas de répondre, en dépit de son apparente clarté, à deux questions essentielles dans le cadre du présent ouvrage : les règles (françaises) de concurrence s'appliquent-elles au secteur public ? et, si tel est le cas, qui, du juge judiciaire ou du juge administratif, est compétent ?

En présence d'un texte peu adapté, la jurisprudence s'est révélée incapable de trancher nettement ces deux questions, et a erré, accompagnée d'une doctrine pléthorique, entre les questions d'applicabilité et de compétence

---

3. D. Berlin, *op. cit.*, p. 52.

juridictionnelle. Au terme d'une célèbre jurisprudence *Ville de Pamiers* tendant à interpréter cet article 53, ces difficultés semblent s'être résolues récemment avec les arrêts du Conseil d'Etat *Million et Marais* (1997) et *Union hospitalière privée* (1998). Mais tant le caractère encore disparate des jurisprudences du Tribunal des conflits, des juridictions administratives et judiciaires et du Conseil de la concurrence, que le manque de recul auquel conduit le caractère novateur des derniers arrêts du Conseil d'Etat, rendent nécessaire le rappel des solutions successivement, et alternativement, posées au fil des affaires.

La question de l'application, de principe, du droit de la concurrence interne aux activités économiques des personnes publiques (1.1) est liée à celle, parfois dérogatoire, de l'exercice d'une mission de service public (1.2).

1.1. L'application de l'ordonnance de 1986 aux activités économiques des personnes publiques

Il n'existe pas de dérogation de principe quant à l'application du droit de la concurrence aux personnes publiques agissant en tant qu'opérateurs économiques. Les interrogations soulevées par la décision *Ville de Pamiers* de 1989 du Tribunal des conflits *(1.1.1)*, interrogations que l'intervention du législateur en 1995 n'a pas permis de résoudre *(1.1.2)*, semblent avoir trouvé une réponse avec le revirement du Conseil d'Etat de 1997 et 1998 *(1.1.3)*.

1.1.1. La jurisprudence *Ville de Pamiers*

La décision *Ville de Pamiers* du Tribunal des conflits *(a)*, mise en œuvre par les juridictions de l'ordre judiciaire et administratif, ainsi que par le Conseil de la concurrence *(b)*, a donné lieu à une véritable jurisprudence *Ville de Pamiers* dont les difficultés d'application présentent du moins l'intérêt d'avoir posé, bien qu'en les confondant, les deux questions distinctes du champ d'application de l'ordonnance de 1986 et de la compétence juridictionnelle quant à sa mise en œuvre.

a) La décision du Tribunal des conflits : une source de confusions

Les imperfections du texte de l'article 53 ne furent révélées qu'en 1989 avec la décision du Tribunal des conflits dans l'affaire *Ville de Pamiers* [4].

4. T. confl., Ville de Pamiers, 6 juin 1989, *RFDA*, 1989, p. 451, concl. B. STIRN ; *AJDA*, 1989, p. 431, note M. BAZEX ; *JCP*, éd. G, 1990, II, 21395, note Ph. TERNEYRE ; *RD publ.*, n° 1989, p. 1780, note Y. GAUDEMET.

Une délibération du conseil municipal de cette commune avait mis terme au contrat de gérance de distribution de l'eau liant la ville avec la SAEDE, et conclut un contrat d'affermage avec une société concurrente. Celle-ci, s'estimant victime de pratiques anticoncurrentielles, formait alors un recours devant le Conseil de la concurrence qui se déclarait incompétent au regard de l'article 53, estimant qu'il s'agissait d'« une mesure d'organisation du service » et non d'« une activité de production, de distribution ou de services ». A l'inverse, la cour d'appel aussitôt saisie décidait de sa compétence. L'affaire fut alors élevée devant le Tribunal des conflits.

Dans un premier temps du raisonnement, la décision du Tribunal considère tout à la fois les questions d'applicabilité de l'ordonnance et de compétence juridictionnelle :

> « Il résulte de l'article 53 de l'ordonnance du 1er décembre 1986 que les règles qui y sont définies ne s'appliquent aux personnes publiques qu'autant que celles-ci se livrent à des activités de production, de distribution et de services. L'organisation du service public de la distribution de l'eau à laquelle procède un conseil municipal n'est pas constitutive d'une telle activité. L'acte juridique de dévolution de l'exécution de ce service n'est pas, par lui-même, susceptible d'empêcher, de restreindre ou de fausser le jeu de la concurrence sur le marché. Il n'appartient en conséquence qu'aux juridictions de l'ordre intéressé de vérifier la validité de cet acte au regard des dispositions de l'article 9 de l'ordonnance susvisée... »

La distinction opérée entre acte administratif et activité économique apparaît peu opérable car de nombreux actes, ne serait-ce que les actes de police, sont susceptibles d'avoir un effet sur le marché en fonction des circonstances. La remarque vaut d'évidence en l'espèce si l'on considère le cas de la SAEDE, exclue au profit de sa concurrente, la CGE.

Mais le remarquable de ce premier attendu réside dans la contradiction qu'il y a à déclarer inapplicable une série de règles tout en rendant applicable leur sanction. En effet, en déclarant que l'acte déféré n'est pas en lui-même susceptible d'empêcher de restreindre ou de fausser le jeu de la concurrence, la décision reprend les termes des articles 7 et 8 de l'ordonnance (prohibition des ententes et abus de position dominante restrictifs de concurrence), déclarant ainsi inapplicables ces dispositions. Or, dans le même temps, la décision rend applicable l'article 9 de l'ordonnance disposant de la sanction de la violation des articles 7 et 8 (nullité). L'erreur de raisonnement, dénoncée par une doctrine unanime [5], reproduit en fait la confusion de l'article 53 entre champ d'application de l'ordonnance et compétence juridictionnelle.

---

5. En ce sens, voir entre autres éminents commentaires, M. BAZEX, *AJDA*, 20/7-20/8 1989, p. 467, et un rare commentaire favorable, J. AZEMA, *JCP*, éd. G, 1989, II, nº 15611.

Mais alors que la négligence ou l'ignorance d'un législateur, peu à même de ces questions liées de concurrence et de droit public, peut apparaître comme la cause de la maladresse de la rédaction du texte, celle de la décision peut trouver une origine différente. Le Commissaire du gouvernement, Bernard Stirn indiquait ainsi dans ses conclusions que l'un des écueils à éviter consistait dans l'oubli de la tradition républicaine de séparation des autorités administrative et judiciaire. Ainsi, cette solution pourrait-elle avoir été dictée par un souci de protection du principe de séparation des pouvoirs, comme le suggère le deuxième temps du raisonnement du Tribunal des conflits.

La décision s'achève en effet par l'invocation de l'existence de prérogatives de puissance publique, justifiant *in fine* la compétence des juridictions de l'ordre administratif :

> « Dès lors que l'allégation de pratiques anticoncurrentielles qui fonde [la demande] ne tend, en réalité, qu'à faire échec à l'exécution de la décision d'une collectivité territoriale prise dans l'exercice de ses prérogatives de puissance publique, la demande de la SAEDE ressortit aux juridictions de l'ordre administratif... ».

Ainsi, la contradiction du raisonnement peut s'expliquer par une préoccupation de politique juridictionnelle du juge administratif. En effet, la loi du 20 décembre 1986 (invalidée puis modifiée et reprise sous la forme de la loi du 6 juillet 1987) a retiré au Conseil d'Etat sa compétence naturelle à l'égard du contentieux des autorités administratives en désignant la Cour de cassation juridiction suprême compétente quant au contentieux des décisions du Conseil de la concurrence [6].

Dans ce contexte législatif, il a pu être perçu nécessaire de réaffirmer la compétence résiduelle de l'ordre administratif, les juges du Tribunal des conflits craignant que soit malmené le principe fondateur de séparation des pouvoirs. La décision *Ville de Pamiers* peut ainsi être interprétée comme une revendication implicite de compétence juridictionnelle partagée à l'égard de l'application des dispositions internes de concurrence (deuxième attendu), évitant dans le même temps un conflit entre les deux ordres juridictionnels (premier attendu).

Cette interprétation, d'ordre politique, trouve une justification juridique dans le silence du texte qui n'exclut nullement l'application des dispositions de concurrence par les juridictions de l'ordre administratif. A titre d'exemple, l'article 26 dispose que le Conseil de la concurrence peut être interrogé par les juridictions sur les pratiques anticoncurrentielles des articles 7 et 8, sans qu'il soit distingué selon l'appartenance à un

---

6. Voir Cons. const., 23 janvier 1987, décision ayant validé cette modification des répartitions de compétence pour une bonne administration de la justice.

quelconque ordre de ces juridictions. De plus, le revirement de jurisprudence de 1997 et 1998 fait droit à cette thèse en consacrant l'inclusion de l'ordonnance de 1986 dans son contrôle de légalité du Conseil d'Etat [7].

La logique mise en œuvre dans la décision *Ville de Pamiers* par le Tribunal des conflits aurait dû permettre d'établir une compétence partielle des juridictions de l'ordre administratif quant à l'application de l'ordonnance de 1986 [8]. Mais le Conseil d'Etat ne s'est pas saisi de la possibilité laissée ouverte par le tribunal et a adopté une position plus conséquente.

b) La confusion des juridictions dans la mise en œuvre

Comment les différentes juridictions chargées de la mise en œuvre des dispositions de l'ordonnance de 1986 ont-elles intégré la jurisprudence *Ville de Pamiers* ?

Bien que le Conseil d'Etat ait repris l'approche du Tribunal des conflits, il a conféré à la décision *Ville de Pamiers* une portée imprévue en niant toute application des dispositions internes de concurrence aux activités économiques des personnes publiques. Ainsi, dans une autre affaire d'eau, *CGE* [9], le Conseil d'Etat a renouvelé la solution posée par le tribunal en affirmant que l'organisation du service public de la distribution de l'eau à laquelle procède un conseil municipal n'est pas constitutive d'une activité de production, de distribution et de services au sens de l'article 53 de l'ordonnance : *« L'acte juridique de dévolution de l'exécution de ce service n'est pas, par lui-même, susceptible d'empêcher, de restreindre ou de fausser le jeu de la concurrence »*.

Cette simple reprise d'une solution précédemment posée par le Tribunal des conflits n'est pas neutre en ce qu'elle postule le caractère indétachable des actes et des contrats administratifs. Il était dans le pouvoir du Conseil, même en reprenant l'attendu précité, de s'éloigner de la position du Tribunal en prenant en compte les effets sur le jeu de la concurrence résultant de la conclusion des contrats administratifs. La juridiction administrative aurait ainsi pu mettre en œuvre la méthode de la détachabilité permettant de restaurer l'individualité d'un acte en œuvre ; elle a préféré écarter cette voie et donner application à la théorie ancienne du « tout indivisible » [10].

---

7. Voir *infra*, 1.1.3,1, p. 23.
8. Le Tribunal a, par la suite, à plusieurs reprises, maintenu cette solution des conflits. Voir *infra*, T. confl., *Datasport*, 4 novembre 1996, p. 28.
9. CE, *CGE*, 23 juillet 1993 : *Rec. Lebon*, 226 ; *LPA*, 8 juillet 1994, p. 15, note O. GUEZOU.
10. Sur la théorie de la détachabilité, « méthode qui conforte le principe de légalité », voir X. LATOUR, « Détachabilité et contrat administratif », *LPA*, 14 août 1998, p. 3.

Ce choix conduit à ignorer la réalité contractuelle et réduire considérablement le champ d'application *ratione materiae* du droit de la concurrence. Or, rien dans la décision du Tribunal des conflits n'impliquait une telle conséquence. Cet arrêt *CGE*, laissant inappliquées par les juridictions administratives les dispositions internes de concurrence aux personnes publiques, devait conduire à un véritable déni de justice [11].

Le Conseil de la concurrence a suivi la jurisprudence *Ville de Pamiers* en se conformant au principe de répartition des compétences tel que décidé par le Tribunal des conflits. Dans une décision *Grand-Perrin* [12], le Conseil a posé que, de même que l'acte de dévolution d'un marché public par une municipalité, le non-renouvellement par une entreprise publique d'un contrat d'occupation du domaine public (local de croissanterie dans une gare) et le choix d'un nouvel attributaire ne constituent pas une activité de production, de distribution ou de services au sens de l'article 53 de l'ordonnance de 1986. La décision est ainsi conforme à la jurisprudence citée dans tous ces points, y compris dans ses errements, puisque le Conseil a lié le champ d'application de l'ordonnance et sa propre compétence en déclarant : *« de tels actes... se trouvent donc en dehors du champ de compétence du Conseil de la concurrence ».*

A l'inverse, la Cour d'appel de Paris, saisie du recours à l'encontre de la décision *Grand-Perrin*, devait décider de l'applicabilité de l'ordonnance de 1986 à une convention d'occupation du domaine public [13]. Pour autant, la Cour prenait soin de préciser que l'activité de restauration en question de la SNCF constituait une activité annexe à la mission principale de transport ferroviaire de l'établissement public. Ainsi, selon la Cour, les contrats passés par une entreprise publique dans le cadre des activités annexes à sa mission principale relèvent du champ d'application de l'ordonnance et de la compétence des autorités judiciaires (y compris le Conseil de la concurrence), quant bien même ces conventions ont pour objet le domaine public. Cet arrêt, qui s'oppose à la solution du Conseil d'Etat, mais demeure conforme à celle du Tribunal des conflits, annonce le critère de « détachabilité » que finira par mettre en œuvre le Conseil d'Etat [14].

La Cour de cassation a adopté, quant à elle, en vertu de sa position de juge suprême de l'ordre judiciaire, garante au même titre que le Conseil d'Etat du respect de la réparation des compétences juridictionnelles, une démarche proche de celle du Tribunal des conflits mais contraire à celle

11. Cf. A. M. Frison Roche, « Le poids des idées dans la répartition des compétences entre juges judiciaire et administratif en matière de concurrence au regard de la loi du 8 février 1995 », *Gaz. Pal.*, 1er juillet 1995, p. 755.
12. Cons. conc., *Grand-Perrin*, 24 avril 1991 : *BOCCRF*, 11 mai 1991, p. 133.
13. CA Paris, *Grand-Perrin*, 31 octobre 1991 : *BOCCRF*, 26 novembre 1991, p. 315.
14. Voir *infra*, p. 23.

de la juridiction administrative. Dans l'affaire *Guy Couach Pascoa* [15], la Cour était saisie d'un recours à l'encontre d'une décision administrative d'attribution d'un marché public. La Cour a commencé par poser que la concession de la construction d'un navire par un service public (en l'espèce, la Direction des chantiers navals de Lorient) à une personne publique (le Ministère chargé de la mer) constituait bien un acte de production économique relevant de l'article 53 de l'ordonnance. Les articles 7 et 8, invoqués par le demandeur, étaient donc applicables à l'activité en question. Pour autant, il a été jugé que la décision administrative attribuant le marché à un des soumissionnaires relevait de la compétence de la juridiction administrative en tant que contentieux des marchés publics. Ainsi, la Cour de cassation a posé le principe de l'applicabilité des dispositions de concurrence aux actes administratifs recouvrant une activité économique, et a respecté la répartition des compétences en désignant celle des juridictions de l'ordre administratif.

Il doit, enfin, être signalé un arrêt atypique de la Cour de cassation, dernier avatar de la jurisprudence *Ville de Pamiers* et ayant suscité de nombreuses critiques. Dans l'affaire *Météorologie nationale*, le Conseil de la concurrence avait considéré que la fourniture exclusive par la Direction de la Météorologie nationale de renseignements météorologiques destinés à la navigation aérienne constituait une activité de services au sens de l'article 53 et relevait de sa compétence, ces informations étant cédées en contrepartie du versement d'un prix [16]. La Cour d'appel avait confirmé cet aspect de la décision. La Cour de cassation a cassé cet arrêt dans des attendus particulièrement sévères en décidant que la non-commercialisation des données auprès du grand public (les usagers étant définis par les textes et assujettis à l'obligation de prendre connaissance de ces renseignements) établissait l'absence d'un marché et que l'activité n'était donc pas constitutive d'une activité de services au sens de l'ordonnance.

La Cour de cassation a ainsi ajouté au texte en posant une condition supplémentaire à la reconnaissance d'une activité économique : il ne suffit pas qu'il y ait activité marchande, il faut encore que préexiste un marché d'une certaine importance [17]. La Cour ne semble pas s'être interrogée sur les effets sur le jeu de la concurrence que pouvait susciter la réservation d'un service à une catégorie d'usagers déterminés, alors même qu'une

15. Cass. com., *Guy Couach Pascoa*, 14 décembre 1993 : *BOCCRF*, 8 avril 1994, p. 141.
16. Cons. conc., *Météorologie nationale*, 13 mai 1992 : *BOCCRF*, 4 juillet 1992, p. 224.
17. Sans doute devrait-il être donné la parole à la Cour de cassation elle-même qui, dans son rapport annuel sous la plume d'un de ses conseillers, invoque la cohérence avec la jurisprudence de la chambre commerciale et justifie l'arrêt en affirmant que la solution retenue consacre le principe de l'application du droit de la concurrence aux personnes publiques... pour autant qu'il y ait commercialisation volontaire ; J. LEONNET, « Application des règles du droit de la concurrence aux personnes publiques », Rapport de la Cour de cassation 1996, p. 157.

entreprise était prête à en assurer une commercialisation effective dans des conditions respectueuses des contraintes de service public [18].

Cet arrêt semble néanmoins devoir demeurer un arrêt d'espèce et ne pas constituer le « coup de frein à l'application du droit de la concurrence aux personnes publiques » dénoncé par certains commentateurs [19]. Rarement avait-on vu la Cour s'exprimer dans ces termes :

> « Et alors, enfin, que la Cour de Paris, qui ne se contente pas de censurer une décision touchant à l'organisation du service public administratif, mais qui réorganise elle-même le service par une injonction imposant la création de conditions financières, techniques, de sécurité et d'usage afin de rendre commercialisable une prestation qui ne l'était pas, caractérise, par là même, une immixtion de l'autorité judiciaire dans les attributions propres de l'administration en violation du principe de la séparation des pouvoirs et de la loi des 16-24 août 1790. »

Tout se passe comme s'il devait y avoir dans le contentieux de l'application du droit de la concurrence aux personnes publiques des réminiscences de l'affaire *Ville de Pamiers* [20]. Tout au moins peut-on reconnaître à cet arrêt le mérite de rappeler dans des termes particulièrement clairs le principe de séparation des pouvoirs que le Tribunal des conflits n'avait fait figurer qu'en toile de fond.

1.1.2. L'intervention inutile du législateur (Loi nº 95-127 du 8 janvier 1995)

Le législateur a tenté de pallier cette jurisprudence imparfaite en procédant à une modification du texte de l'article 53. La pleine application du droit de la concurrence au contentieux des délégations des marchés publics était invoquée comme remède aux pratiques de corruption rencontrées

---

18. Les services de Météo France fournissent d'ailleurs aujourd'hui leurs informations à d'autres usagers que les seules compagnies aériennes... Comme le souligne justement D. BERLIN, « *Le service dont l'acte d'organisation est en cause peut fort bien présenter plusieurs facettes : l'une extérieure à toute idée de marché et l'autre au contraire intégrée à l'économie de marché. En ce cas, il n'est pas possible de se fonder sur la notion d'organisation du service pour dénier automatiquement tout effet anticoncurrentiel à l'acte qui prétend y procéder.* », *in* « Les actes de la puissance publique et le droit de la concurrence », *AJDA*, 1995, p. 264.
19. R. DRAGO, « Coup de frein à l'application du droit de la concurrence aux personnes publiques » : *RFDA*, 1996, p. 360, soulignant le « rigorisme, une certaine timidité et un manque de réalisme » et suggérant que ce rigorisme des juges peut s'expliquer par le fait que l'affaire concernait non une collectivité territoriale ou un établissement public, mais l'Etat ; voir aussi, plus résolument désapprobateur, M. C. BOUTARD LABARDE, *RJ com.*, 1996, p. 181.
20. R. DRAGO, *op. cit.*, p. 361.

dans les délégations de services publics, en particulier celles relatives à la distribution de l'eau. Les débats parlementaires de la loi n° 95-127 du 8 janvier 1995 visent expressément la jurisprudence *Ville de Pamiers*, accusée d'engendrer un vide juridique *« puisque le Conseil ne peut connaître ce type d'affaires »* : *« L'amendement... a pour objet de préciser la portée de la règle en vigueur et d'inviter le Conseil de la concurrence à faire échec aux pratiques anticoncurrentielles qui peuvent entacher les conventions de service public, et notamment celles relatives à la distribution de l'eau »*.

L'amendement parlementaire voté à l'Assemblée, puis supprimé par le Sénat, a été rétabli par la Commission mixte paritaire, mais sous sa forme actuelle de simple précision avec l'adverbe « notamment » : « *Les règles [de] l'ordonnance s'appliquent à toutes les activités de production, de distribution et de services, y compris celles qui sont le fait de personnes physiques*, notamment dans le cadre de convention de délégation de service public ». Dès lors, quelles qu'aient pu être les premières louables intentions du législateur, la proposition n'a plus valeur que de simple précision, attestant de l'absence de toute volonté de mettre terme à une jurisprudence source de confusions. Ainsi, faute d'avoir correctement posé les questions, le remède législatif, aussitôt dénoncé par la doctrine [21], se révèle aussi inefficace que la solution jurisprudentielle était bancale, constituant un intéressant exemple de pratique législative inutile [22]. Il revint donc au Conseil d'Etat de modifier la jurisprudence qu'il avait contribué à édifier.

1.1.3. Les revirements de 1997 et 1998 : le contrôle des actes et contrats administratifs par les juridictions administratives

La confusion entre champ d'application de l'ordonnance et compétence juridictionnelle a perduré jusqu'à très récemment avec le revirement du Conseil d'Etat dans l'affaire *Million et Marais* (a). Ce premier temps du revirement du Conseil d'Etat a été confirmé par l'arrêt intervenu dans l'affaire *Union hospitalière privée* quelques mois après (b). Ce revirement consacre l'application par les juridictions administratives des dispositions de l'ordonnance de 1986 aux contrats et actes administratifs.

---

21. A. M. FRISON-ROCHE, *op. cit.*
22. L'administration a jugé utile, peu de temps après la promulgation de la loi du 8 février 1995, de réaffirmer la non-applicabilité des règles de l'ordonnance de 1986 aux actes unilatéraux décidant de la délégation d'un service public ou d'un marché, Note de la Commission centrale des marchés, *Moniteur des travaux publics*, 3 mars 1995, p. 320.

a) L'arrêt Million et Marais *: L'examen des contrats administratifs détachables des actes administratifs*

Dans l'affaire *Million et Marais* [23], cette société contestait la validité du contrat de concession du service des pompes funèbres attribuée par le maire de la ville de Fleury-les-Aubrais aux Pompes Funèbres Générales. Les demandeurs tentaient de faire valoir que le contrat de cette concession avait pour effet de placer son concurrent en situation d'abus de position dominante, invoquant notamment les dispositions contractuelles relatives à l'exclusivité et la durée. Le Conseil d'Etat devait rejeter les prétentions de Million et Marais, mais non sans avoir procédé à l'examen de la convention litigieuse :

> « ... si le contrat par lequel une commune a concédé à une entreprise le service extérieur des pompes funèbres ne saurait être utilement critiqué à raison du droit exclusif d'exploitation du service public conféré à cette entreprise..., les clauses de ce contrat ne peuvent légalement avoir pour effet de placer l'entreprise dans une situation où elle contreviendrait aux prescriptions... de l'article 8 [de l'ordonnance de 1986] ».

Sans à aucun moment annoncer un arrêt de principe, le Conseil se livre à l'examen du contrat déféré [24]. Les conclusions du Commissaire du gouvernement Stahl, plus explicites sur les motivations de l'arrêt, permettent de rappeler le problème auquel devait répondre le Conseil :

> « Concéder un service public, c'est-à-dire confier à un opérateur des droits exclusifs, ne nous paraît pas en effet complètement indifférent au droit de la concurrence : la décision administrative n'est pas exempte de conséquences sur la situation des autres entreprises qui interviennent dans le même secteur que le concessionnaire. Réserver à un opérateur le droit d'intervenir sur un marché déterminé affecte nécessairement, croyons-nous, le libre jeu de la concurrence.
>
> Dire cela ne condamne pas, à nos yeux et par principe, toute dévolution par la puissance publique de droits exclusifs à un opérateur, mais signifie simplement qu'un tel choix d'organisation du service public devrait pouvoir être contrôlé par le juge administratif, non seulement du point de vue de l'usager du service, mais encore du point de vue des autres opérateurs économiques. » [25].

Le Commissaire du gouvernement encourageait donc le Conseil d'Etat à revenir sur sa jurisprudence *CGE* selon laquelle l'acte juridique de

---

23. CE, *Million et Marais*, 3 novembre 1997, non publié, comm. T. X. GIRARDOT, F. RAYNAUD : *AJDA*, décembre 1997, p. 945 ; R. ROMI, « Droit de la concurrence, activité publique et para-publique : état des lieux », *LPA*, 21 décembre 1998, n° 152, p. 6. Voir aussi les deux autres arrêts prononcés le même jour, *Yonne Funéraire* et *Intermarbres*, non publiés.
24. Donnant ainsi lieu à une application remarquée de la théorie communautaire de l'abus automatique, voir *infra*, p. 72.
25. J. H. STAHL, Conclusions : *RJDA*, 2/98, p. 87.

dévolution de l'exécution de ce service n'est pas, par lui-même, susceptible de fausser le jeu de la concurrence [26]. Le Conseil n'a pas exactement suivi ces conclusions puisqu'il n'a pas examiné l'acte administratif en lui-même mais seulement la convention passée et validée *a posteriori* par la délibération du conseil municipal [27].

Le revirement consiste, sur la forme, à ne plus faire référence à l'article 53, mettant fin de manière heureuse à la confusion devenue traditionnelle entre champ d'application et compétence juridictionnelle. Ainsi, dans l'arrêt *CGE*, le Conseil d'Etat avait fait échapper les actes de dévolution d'un service public aux dispositions de l'ordonnance de 1986 en déclarant qu'ils ne constituaient pas une activité de production, de distribution et de services au sens de son article 53.

Sur le fond, le revirement réside dans l'admission de la détachabilité des contrats et actes administratifs. C'est, d'une certaine manière, faire droit à la jurisprudence *Ville de Pamiers* du Tribunal des conflits qui avait opéré la distinction entre actes et contrats administratifs, sans se prononcer sur le caractère nécessairement lié des actes et conventions administratifs. L'arrêt *CGE* du Conseil avait refusé l'examen de la convention déférée en visant exclusivement l'acte administratif, qui l'emportait, en quelque sorte, sur le contrat selon la théorie du « tout indivisible ». Ainsi, le Conseil d'Etat considère-t-il, désormais, que les actes de dévolution sont, comme le soulignait le Commissaire du gouvernement, susceptibles de fausser la concurrence, et qu'ils entrent donc dans le champ d'application de l'article 53 et de l'ordonnance de 1986. Mais cette appréciation demeurait encore implicite.

b) L'arrêt Union hospitalière privée *: L'examen des actes administratifs détachés de tout contrat*

A la suite de l'arrêt *Million et Marais*, l'on pouvait encore s'interroger sur la volonté du Conseil d'Etat de contrôler au regard des dispositions françaises de concurrence les actes administratifs en l'absence de tout

---

26. Voir *supra*, p. 19.

27. L'état de la procédure ne lui permettait d'ailleurs pas en l'espèce de procéder à cet examen. En effet, le Conseil d'Etat intervenait à la suite d'une décision du Tribunal administratif d'Orléans, lui-même saisi sur renvoi préjudiciel par la Cour d'appel d'Orléans mais afin de se prononcer sur la seule question de la validité du contrat de concession. Les requérants n'ayant, bien entendu, pas saisi le juge judiciaire de la question de la validité de l'acte administratif, et le juge administratif étant tenu dans le cadre de son examen par les limites de la question déférée en renvoi préjudiciel, le Conseil d'Etat se retrouvait lui-même lié par l'étendue limitée de la saisine. Le Conseil était donc saisi de la seule question de la validité de la convention, et n'a pas eu à examiner la délibération du conseil municipal ayant, dans un même élan, approuvé le contrat et autorisé le maire à le signer.

contrat, bien que celui-ci ait déjà procédé dans l'affaire *FFSA* à un tel contrôle [28]. Le récent arrêt *Union hospitalière privée* [29] est venu confirmer cette jurisprudence, consolidant ainsi l'évolution entamée par les trois arrêts du 3 novembre 1997. Dans cette affaire, le Conseil d'Etat a procédé à l'examen d'un décret du 18 avril 1997 relatif aux structures d'hospitalisation au regard de l'article 8 de l'ordonnance de 1986 tout en rejetant le grief d'abus de position dominante :

> « Considérant que le décret attaqué n'instaure aucune restriction de concurrence entre les praticiens susceptibles d'être autorisés à intervenir au sein des structures d'hospitalisation, qu'il ne met pas les établissements publics de santé dans une situation leur permettant d'abuser d'une position dominante, qu'ainsi et en tout état de cause, le moyen tiré de ce que le décret contreviendrait au principe de liberté de la concurrence qui découle de l'ordonnance du 1er décembre 1986 ne peut qu'être écarté » [30].

Cet arrêt donne un signal clair aux juridictions de l'ordre administratif en posant le principe de l'application de l'ordonnance de 1986 tant aux contrats qu'aux actes administratifs ayant des effets sur le jeu de la concurrence. Les arrêts *Million et Marais* et *Union hospitalière privée* apparaissent ainsi constituer une véritable jurisprudence mettant fin au déni de justice qui avait résidé, depuis la décision *Ville de Pamiers,* dans l'inapplication par les juridictions administratives des dispositions de concurrence aux personnes publiques.

Pour autant, l'on a pu critiquer les complications que pourrait susciter cette jurisprudence [31]. Le juge administratif et le juge judiciaire, ainsi que le Conseil de la concurrence, seront en effet appelés à examiner les mêmes actes, le premier quant à la légalité de ces actes, et les seconds quant aux effets de ces mêmes actes, d'où un risque de divergence de jurisprudence. Si l'unification des décisions apparaît *a priori* incompatible avec la séparation des deux ordres administratif et judiciaire, elle est néanmoins possible par la technique de la saisine pour avis du Conseil de la concurrence par le juge administratif, et par la question préjudicielle posée par le juge judiciaire au juge administratif lorsqu'il rencontre la question de la légalité d'un acte administratif d'organisation du marché [32].

---

28. CE, *FFSA*, 8 novembre 1996, *Europe,* décembre 1996, n° 468, note L. IDOT. Dans cet arrêt, le Conseil avait fait une première application remarquée de la théorie communautaire de l'abus automatique en annulant certaines dispositions du décret du 26 novembre 1990 relatif au régime complémentaire de retraite des agriculteurs.
29. CE, *Union hospitalière privée,* 1er avril 1998, non publié.
30. On remarque l'abandon de toute référence à l'article 53, ceci tendant à confirmer le diagnostic du caractère inutile de cette disposition.
31. Y. GAUDEMET, note sous Million et Marais, *RD publ.*, n° 1-1998 ; voir aussi, S. DESTOURS, « L'application du droit interne de la concurrence aux personnes publiques par les juridictions administratives : Fin d'une énigme » : *JCP*, éd. E, Cah. distr., 1998-2.
32. A été également soulevée la contrariété de cet arrêt avec la décision du Conseil constitutionnel du 27 janvier 1986 ayant admis le transfert du contentieux du Conseil

On peut ainsi prévoir que les dispositions internes de concurrence seront désormais systématiquement invoquées devant les juridictions administratives à l'occasion des actes relatifs aux passations de marchés, et qu'il en résultera une jurisprudence des articles 7 et 8 propre à ces juridictions. Mais la complexité indéniable qu'entraînera la solution de l'arrêt *Million et Marais* dans l'ordre administratif et dans les rapports qu'entretient cet ordre avec l'ordre judiciaire, aura pour contrepartie, et c'est là l'essentiel, l'entrée des dispositions françaises de concurrence dans le champ de la légalité administrative.

1.2. L'exercice d'une mission de service public

Lorsque le droit de la concurrence apparaît applicable à une activité économique d'une personne publique, celle-ci peut encore échapper à son application grâce à l'exercice d'une mission de service public. En effet, l'exercice d'une telle mission peut permettre de faire échapper une activité économique au champ d'application de l'ordonnance de 1986 si elle s'accompagne de l'exercice de prérogatives de puissance publique. C'est ce qu'indique la jurisprudence du Tribunal des conflits *(1.2.1)*, mais à laquelle le Conseil de la concurrence oppose une certaine résistance usant, à son tour, du critère de « détachabilité » *(1.2.2)*. Ainsi, l'exercice d'une mission de service public ne saurait suffire à elle seule à rendre inapplicables les dispositions internes de concurrence [33]. En d'autres termes, le service public ne saurait être en lui-même un critère permettant d'échapper au droit de la concurrence.

---

de la concurrence au juge judiciaire pour l'unification de ce contentieux spécifique sous l'autorité de la Cour de cassation, Y. GAUDEMET, *op. cit.*

33. Sans doute devrait-il également être fait référence ici à l'article 10.1 de l'ordonnance du 1er décembre 1986 qui dispose : *« Ne sont pas soumises aux dispositions des articles 7 et 8 les pratiques qui résultent de l'application d'un texte législatif ou réglementaire pris pour son application »*. Cependant, la portée de cette disposition se trouve singulièrement réduite en l'absence de (presque) toute application connue (voir cependant, CA Paris, *Fonfrède*, 14 février 1995, où la Cour accepte que « les pratiques d'entente dénoncées par le requérant découlent directement de l'application d'un texte législatif » (arrêté préfectoral) : *BOCCRF*, 10 mars 1995, p. 67). Tout au plus peut-on signaler que le Conseil de la concurrence en donne une interprétation similaire à « l'exception » de service public en exigeant que les pratiques litigieuses soient la conséquence directe et nécessaire du texte législatif ou réglementaire (voir, par exemple, Cons. conc., *Adidas*, 7 octobre 1997 : *BOCCRF*, 31 décembre 1997, p. 903 ; et Cons. conc., *Rapport 1997*, p. 81). Le Tribunal de commerce de Paris avait donné application à cette disposition dans une affaire *CMS c. France Télécom* (8 mars 1993), afin de justifier le refus par celui-ci de communiquer la liste orange des abonnés (sur la base de la loi du 31 décembre 1990), mais la décision a été réformée en appel sur la base de l'article 90.1 UE, CA Paris, *CMS c. France Télécom*, 7 février 1994 : *Gaz. Pal.*, 23 juillet 1994, p. 18. On verra plus loin l'état de la jurisprudence communautaire. Sur cette question, v. *infra*, p. 56.

1.2.1. L'ordonnance de 1986 ne s'applique pas aux activités relevant de l'exercice de prérogatives de puissance publique

La décision *Ville de Pamiers* du Tribunal des conflits s'achevait par l'invocation de l'existence de prérogatives de puissance publique, justifiant *in fine* la compétence des juridictions de l'ordre administratif. Mais la décision n'excluait pas expressément l'application de l'ordonnance de 1986. Le Tribunal a franchi le pas dans l'affaire *Datasport (a).* L'application par le Conseil de la concurrence et la Cour d'appel de la solution dégagée dans cette affaire semble pour l'instant limitée au cas des conventions d'occupation du domaine public *(b)*, et au secteur de la sécurité sociale *(c)*.

a) L'existence de prérogatives de puissance publique constitue en tant que telle une dérogation à l'applicabilité des règles de concurrence

L'existence de prérogatives de puissance publique constitue en tant que telle une dérogation à l'applicabilité des règles de concurrence. Le Tribunal des conflits, à l'occasion d'une affaire *Datasport*, en pose le principe.

La Ligue nationale de football (LNF) avait acquis les droits d'un logiciel de billetterie informatisée, baptisé Ticketfoot, et imposé par une délibération de son conseil d'administration son utilisation exclusive aux clubs professionnels. Datasport, société ayant développé un logiciel concurrent, avait été autorisée par la LNF à exploiter son système au parc des Princes, mais se trouvait exclue du marché national du fait de la décision de la LNF.

Saisi du contentieux, le Tribunal des conflits a estimé que la délibération du conseil d'administration de la LNF avait été prise dans le cadre de la mission de service public assignée à cet organisme et relevait de l'exercice de prérogatives de puissance publique [34]. Dès lors, la délibération ne constituait pas une activité économique à laquelle auraient pu s'appliquer les règles de l'ordonnance de 1986. Néanmoins, le Tribunal a admis que l'acquisition du logiciel Ticketfoot par la LNF pouvait être regardée comme une convention passée entre personnes privées, mais sans en tirer d'autre forme de conclusion. C'était postuler le caractère indétachable des actes administratifs et des conventions basées sur ces actes. L'on verra plus loin que cette thèse s'oppose à celle du Conseil de la concurrence, que ce soit dans le cadre de l'affaire *Datasport* ou de l'affaire *Adidas*.

---

34. T. confl., *Datasport/LNF*, 4 novembre 1996 : *JCP*, éd. G, 1997, II, n° 22802.

La décision diffère de la solution posée par le même Tribunal dans l'affaire *Ville de Pamiers*, car à l'inverse de la décision de 1989, la décision *Datasport* ne fait plus référence à l'article 9 de l'ordonnance de 1986 sanctionnant par la nullité les pratiques restrictives de concurrence. L'actualité de la solution ne fait pas de doute, comme en atteste une récente décision *Chronopost* [35] du Tribunal, indiquant que le litige opposant des sociétés commerciales à un établissement public industriel et commercial et ses filiales de droit privé ne met pas en cause l'exercice de prérogatives de puissance publique, et tendant à la cessation et à la réparation des dommages occasionnés par des pratiques commerciales imputées à La Poste, ressortit à la compétence des juridictions judiciaires. Ainsi est-il permis de poser que l'existence de prérogatives de puissance publique constitue en principe une dérogation à l'applicabilité des règles de concurrence.

b) Les conventions d'occupation du domaine public

Le Conseil et la Cour d'appel marquent une certaine réticence à appliquer la solution retenue par le Tribunal des conflits dans l'affaire *Datasport*, mettant en œuvre un critère de « détachabilité » [36]. Cette solution a été toutefois retenue dans certains contentieux des conventions d'occupation du domaine public.

Dans l'affaire *Navsa/Semmaris* [37], la Navsa, Chambre syndicale nationale de vente et services automatiques, attaquait les mesures prises par la Semmaris, société d'économie mixte chargée de la gestion des halles de Rungis, concernant l'imposition d'une redevance pour l'installation de distributeurs automatiques de boissons. Le Conseil de la concurrence et la Cour d'appel ont rejeté les demandes de la Navsa, estimant que la signature de la convention d'installation et d'exploitation des distributeurs, ainsi que le paiement de la redevance, ne constituaient pas des activités économiques au sens de l'article 53 de l'ordonnance de 1986.

La redevance étant perçue en raison de l'occupation du domaine public, l'ensemble des actes et les mesures déférées sont considérés constituer *« ... des actes de gestion du domaine public et l'exercice de prérogatives de puissance publique »* [38].

---

35. T. confl., *Chronopost*, 19 janvier 1998 : *Juridisques Lamy*, n° 3084.
36. Voir *infra*, p. 33.
37. CA Paris, *Navsa/Semmaris*, 20 janvier 1998 : *BOCCRF*, 17 février 1998.
38. La Cour de cassation a confirmé une même solution adoptée par le Conseil de la concurrence et la cour d'appel de Paris dans une affaire *Port de Genevilliers* en relevant que *« l'acte par lequel le GIE autorise une entreprise à occuper une partie du domaine public est une décision relative à l'organisation du service qui n'entre pas dans le champ d'application de l'ordonnance. »*, Cass. com., *Port de Genevilliers*, 29 mars 1994 : *BOCCRF*, 4 mai 1994, p. 165.

Le Conseil de la concurrence rejoint ainsi la solution adoptée dans sa décision *Grand-Perrin*[39]. A l'inverse, l'arrêt de la Cour d'appel de Paris dans cette même affaire Navsa se distingue de son arrêt de 1991 où elle avait décidé de l'applicabilité de l'ordonnance de 1986 à une convention d'occupation du domaine public[40]. La solution mise en œuvre par la Cour apparaît alors avoir été déterminée par le caractère accessoire de l'activité en cause par rapport à la mission principale de l'établissement public. Dans l'affaire *Navsa*, la Cour a estimé que la convention d'occupation du domaine public relevait de la mission principale de la Semmaris, justifiant dès lors la mise en œuvre de l'exception de prérogatives de puissance publique.

Mais toutes les conventions relatives à l'occupation du domaine public n'échappent pas pour autant à l'application de l'ordonnance de 1986 et à la compétence du Conseil de la concurrence. Dans l'affaire *ADA*[41], concernant la location de véhicules à l'aéroport de Nice, le Conseil a considéré que, si l'appréciation de la régularité de l'octroi ou du retrait d'une autorisation du domaine public ne relevait que de l'appréciation du juge administratif, la concession des emplacements du domaine public aéroportuaire constituait une activité commerciale au sens de l'article 53 et relevait ainsi de sa compétence[42]. De même, dans deux affaires concernant le domaine public géré par *Aéroports de Paris (ADP),* le Conseil a relevé que, en dépit du fait que la décision par laquelle ADP accordait ou refusait une autorisation d'occupation du domaine public revêtait le caractère d'un acte administratif dont l'appréciation de légalité ne relevait que de la juridiction administrative, cette décision n'en était pas moins prise en vue d'exercer une activité économique au sens de l'article 53 de l'ordonnance, ce qui, dès lors, emportait la compétence du Conseil pour apprécier cette décision au regard des dispositions du titre III de l'ordonnance[43].

De même, la Cour de cassation a rejeté, dans son arrêt *Total Réunion Comores*[44], le pourvoi contre l'arrêt d'appel ayant validé la décision du Conseil de la concurrence et a dit pour droit que les pratiques déférées étaient indépendantes des modalités d'organisation du service public comportant une convention temporaire d'occupation du domaine public.

---

39. Cons. conc., *Grand-Perrin*, précité, voir *supra*, p. 19.
40. CA Paris, *Grand-Perrin*, précité, voir *supra*, p. 19.
41. Cons. conc., *ADA*, 16 janvier 1996 : *BOCCRF*, 16 mars 1996, p. 105.
42. Voir aussi *Chambre syndicale française de l'affichage*, où le Conseil a considéré que si le juge administratif était seul compétent pour vérifier la validité des conventions d'occupation du domaine public passées avec cette société, il lui appartenait en revanche d'examiner les pratiques du groupe Decaux relatives à l'activité d'affichage publicitaire, Cons. conc., *CSFA*, 5 septembre 1995 : *BOCCRF*, 6 novembre 1995, p. 434.
43. Cons. conc., *ADP,* 15 décembre 1998 : *BOCCRF,* 20 mars 1999, p. 101.
44. Cass. com., *Total Réunion Comores,* 5 mars 1996 : *D.*, 1996, IR p. 87.

Ainsi, l'on ne saurait conclure à une protection générale des conventions d'occupation du domaine public ; en définitive, un critère de « détachabilité » semble là également être mis en œuvre.

c) Les régimes de sécurité sociale

Le Conseil de la concurrence et les juridictions judiciaires ont également fait droit à la solution du Tribunal des conflits dans le cas particulier du contentieux des caisses de sécurité sociale. Celles-ci ont, en effet, à plusieurs reprises, invoqué l'exercice d'une mission de service public afin de rejeter les assauts de demandeurs fondés sur les dispositions internes de concurrence. Mais les quelques décisions du Conseil n'ont pas systématiquement visé le critère de la mise en œuvre de prérogatives de puissance publique dans l'exercice de leur mission de service public et l'on peut s'interroger sur la pertinence d'un autre critère fondé sur le principe de solidarité nationale.

Ainsi, dans une affaire *Confédération européenne de défense des travailleurs indépendants* [45], la CEDTI invoquait l'abus de position dominante des caisses de sécurité sociale gérant le régime des commerçants, artisans et paysans, abus qui aurait notamment consisté, grâce à une position monopolistique, à fixer des taux de cotisations exorbitants. Le Conseil, relevant que l'affiliation à ces régimes était obligatoire et que les taux de cotisation ainsi que les prestations étaient fixés par des textes législatifs et réglementaires, a estimé que ces organismes exerçaient une activité « non commerciale, économique ou spéculative ». Le Conseil a donc décidé que *« ces organismes ne sauraient être regardés, dans la mesure où n'était en cause que l'exercice de leur mission légale de service public, comme soumis aux règles de concurrence... »*.

Par ailleurs, dans une autre affaire *Caisse de secours mutuelle des travailleurs indépendants* [46], la CSMTI se plaignait du refus d'agrément par certaines caisses primaires d'assurance maladie. Le Conseil a rejeté sa demande, estimant que les caisses en question *« exercent une mission de service public exclusive de toute activité commerciale, économique ou spéculative ; dès lors, les pratiques alléguées n'entrent pas dans le champ de compétence du Conseil de la concurrence »*.

Ce n'est que dans une affaire *Atryade* que le Conseil a relevé, à juste titre, que les URSSAF exercent une mission de service public et font usage, pour l'accomplissement de cette mission, de prérogatives de puissance

---

45. Cons. conc., *Confédération européenne de défense des travailleurs indépendants*, 8 juin 1993 : *BOCCRF*, 25 juillet 1993, p. 197.
46. Cons. conc., *Caisse de secours mutuelle des travailleurs indépendants*, 8 mars 1994 : *BOCCRF*, 8 mai 1994, p. 167.

publique : « *Dès lors que les pratiques alléguées mettaient en cause les conditions dans lesquelles les URSSAF exercent leur mission légale, il n'appartenait pas au Conseil de la concurrence d'en connaître* » [47].

Le critère de l'exercice de prérogatives de puissance publique apparaît clairement dans l'arrêt de la Cour d'appel ayant validé la décision du Conseil dans l'affaire *Mutuelle générale des services publics* [48]. Alors que le Conseil s'était contenté de dire que les mesures ministérielles contestées ne constituaient pas une activité de production, de distribution ou de services au sens de l'article 53, la Cour ajoute que « *le fait pour le ministre de l'économie d'octroyer des subventions relève du seul exercice de prérogatives de puissance publique* » [49].

La Cour de cassation adopte une toute autre approche en décidant que la notion d'entreprise au sens des règles communautaires et françaises de concurrence ne vise pas les organismes chargés de la gestion de régimes de sécurité sociale [50]. La solution s'inscrit dans la ligne de la jurisprudence de la Cour de justice des Communautés européennes [51]. Une telle approche communautaire privilégie la prise en compte de la finalité sociale des régimes de sécurité sociale, évitant ainsi la confusion des juridictions et autorités de concurrence françaises. Mais la chronologie des affaires peut laisser présager une évolution dans le sens de la jurisprudence communautaire.

Ainsi, la mise en œuvre de prérogatives de puissance publique lors de l'exercice d'une mission de service public n'est-elle pas systématiquement invoquée pour rendre inapplicable l'ordonnance de 1986. Quoi qu'il en soit de la spécificité du secteur de la sécurité sociale, la démarche contradictoire des juridictions et autorité françaises illustre une différence essentielle d'approche tenant à l'appréciation du caractère détachable entre certaines activités et des prérogatives de puissance publique exercées dans le cadre d'une mission de service public.

1.2.2. Les activités détachables de l'exercice de prérogatives de puissance publique

Toutes les activités mettant en œuvre une mission de service public et donnant lieu à l'exercice de prérogatives de puissance publique n'échap-

---

47. Cons. conc., *Atryade*, 24 novembre 1993 : *BOCCRF*, 15 janvier 1994, p. 7.
48. Cons. conc., *Mutuelle générale des services publics*, 28 avril 1993 : *BOCCRF* n° 10, 19 juin 1993, p. 169.
49. CA Paris, *Mutuelle générale des services publics*, 11 janvier 1994 : *BOCCRF*, 28 janvier 1994, p. 21.
50. Cass. com., *Bonet/CANCAVA* et *Pelé/Organic*, 12 juillet 1993, non publié au *Rec.*, *Juridisques Lamy*, n° 1341 et 1343. Cass. crim., *Marti*, 25 novembre 1992 : *D.* 1993, IR p. 47, à propos d'un régime complémentaire facultatif.
51. Sur la jurisprudence de la CJCE, voir *infra*, p. 43.

pent pas à l'application du droit interne de la concurrence. En effet, les autorités de la concurrence vont examiner soit le lien de causalité entre un acte administratif et la convention prise sur le fondement de cet acte (Conseil de la concurrence et Cour d'appel) *(a)*, soit le contenu même de la mission de service public pour décider si un acte exige la mise en œuvre des prérogatives de puissance publique (Cour de cassation) *(b)*. L'affaire *Adidas*, impliquant à nouveau la LNF, illustre ces différences d'approche [52].

a) L'exigence d'un lien de causalité entre acte administratif et convention

Divers fabricants de matériels de sport avaient saisi le Conseil de la concurrence d'un accord signé entre la LNF et leur concurrent Adidas concernant la fourniture exclusive d'équipements de football aux joueurs professionnels. La LNF avait modifié en vue de cette convention le règlement des compétitions en disposant que les clubs participant aux matches de divisions 1 et 2 étaient tenus de faire porter à leurs joueurs les équipements fournis par la LNF revêtus de la marque Adidas. En échange de quoi, la société Adidas avait « envisagé de verser une dotation annuelle de 60 MF ». A la suite de cet accord, la LNF avait donné des instructions pour que l'ensemble des contrats passés par les clubs avec des fournisseurs concurrents soit résilié.

Les cocontractants, accusés d'entente et d'abus de position dominante, invoquaient en substance l'incompétence du Conseil, se basant sur le caractère indétachable de l'accord litigieux et du règlement. Celui-ci constituant un acte administratif réglementaire en vertu d'une délégation de pouvoir ministériel, l'accord devait échapper à la compétence de l'autorité judiciaire de concurrence. Le caractère économique des activités de parrainage concernées n'était pas contesté ; tout au contraire, les cocontractants revendiquaient au fond devant le Conseil la qualité d'entreprise et considéraient que les clubs de football professionnels relevaient pleinement du champ d'application de l'ordonnance de 1986 au regard de son article 53. Revendiquant la compétence exclusive des juridictions de l'ordre administratif, les défendeurs effectuaient ainsi une claire distinction entre champ d'application *ratione materiae* et *ratione personae*.

---

52. Dans l'affaire *Datasport* précitée, le Tribunal des conflits a donné tort au Conseil de la concurrence et à la Cour d'appel en décidant que la délibération du conseil d'administration de la LNF était prise dans le cadre de la mission de service public de l'organisme et relevait de l'exercice de prérogatives de puissance publique. Le Conseil (30 janvier 1996) et la Cour (16 avril 1996) ont au contraire décidé et jugé du caractère détachable de l'exercice de prérogatives de puissance publique et de la fourniture du logiciel litigieux. Mais cette affaire, confrontant deux séries d'affirmations, ne permet pas l'examen des critères susceptibles d'établir ce caractère détachable, au contraire de l'affaire Adidas.

La richesse de la procédure, entamée en juin 1995, permet l'examen des positions respectives du Conseil de la concurrence, de la cour d'appel et de la Cour de cassation quant à la question du caractère détachable des activités de l'exercice de prérogatives de puissance publique. Dans sa première décision *Adidas* [53], le Conseil, bien qu'admettant l'existence de prérogatives de puissance publique, estimait néanmoins, dans le cadre de mesures provisoires, que les opérations promotionnelles en question constituaient une activité économique de distribution ou de service détachable de l'exercice de ces prérogatives de puissance publique.

La Cour d'appel de Paris, saisie en appel de la décision du Conseil de la concurrence, refusait de se prononcer directement sur le caractère détachable ou non du règlement et de l'accord [54]. Elle optait pour une autre voie, donnant partiellement satisfaction aux défendeurs, en décidant du caractère administratif du règlement, et, surtout, établissant l'existence des prérogatives de puissance publique attachées à sa mise en œuvre. Selon la Cour, le pouvoir de faire porter les équipements fournis par la LNF relevait du pouvoir général d'organisation des compétitions dévolu à la Ligue et n'était pas constitutif d'une activité de distribution et de services au sens de l'article 53 de l'ordonnance.

Enfin, le Conseil de la concurrence s'est prononcé au fond à la suite de l'arrêt d'appel [55]. Le Conseil a confirmé le caractère détachable de l'accord et du règlement : si le caractère administratif du règlement n'est pas remis en cause, le Conseil a souligné que la disposition litigieuse du règlement ne conduisait pas nécessairement la LNF à conclure un contrat de parrainage exclusif avec un seul fournisseur pour l'ensemble des clubs concernés, *« alors même qu'elle disposait de multiples autres possibilités pour s'acquitter des obligations résultant de l'article 315 »* du règlement des compétitions. Dès lors, l'absence de lien de causalité directe entre l'acte administratif et la convention litigieuse étant établie, l'accord avec Adidas devait pouvoir être détaché du règlement et soumis à l'examen des dispositions de concurrence.

Ayant ainsi opéré la séparation entre accord et règlement, le Conseil passe au deuxième temps de son raisonnement et constate que l'accord est un contrat de droit privé car conclu entre deux personnes morales de droit privé. La délégation de service public dont bénéficient la LNF et son cocontractant Adidas ne peut être invoquée, car aucun des cocontractants n'a agi au nom et pour le compte d'une personne publique.

---

53. Cons. conc., *Adidas*, 12 juillet 1995 : *BOCCRF*, 8 septembre 1995, p. 391.
54. CA Paris, *Adidas*, 23 août 1995 : *BOCCRF*, 29 septembre 1995, p. 403.
55. Cons. conc., *Asics France*, 7 octobre 1997 : *BOCCRF*, 31 décembre 1997, p. 894. Les fortes restrictions de concurrence contenues dans l'accord conduisirent le Conseil à imposer une amende de 16 MF à Adidas, et de 800 000 F à la LNF.

Le Conseil a expressément écarté l'application de la décision *Datasport* du Tribunal des conflits, invoquée par les défendeurs : cette décision a été déclarée inapplicable au cas d'espèce car *« relative à une décision unilatérale de caractère administratif »*. Pourtant, les faits des deux espèces n'apparaissent pas substantiellement varier : dans les deux cas existait une convention de droit privé basée sur un acte administratif unilatéral. La différence entre les deux solutions paraît donc tenir essentiellement à l'appréciation du caractère détachable ou non de l'acte et de la convention. Les jurisprudences du Conseil de la concurrence, de la Cour d'appel et du Tribunal des conflits n'ont donc qu'une cohérence apparente : les décisions ou actes administratifs, ainsi que les contrats de droit public, relèvent des juridictions administratives ; les conventions de droit privé relèvent des juridictions judiciaires, mais la question essentielle demeure l'appréciation du lien de causalité entre ces actes et conventions.

b) L'examen du contenu de la mission de service public

La mise en œuvre de la dérogation de service public par les juridictions et autorité de concurrence françaises n'apparaît pas uniforme. La Cour de cassation se distingue en effet substantiellement de la jurisprudence et pratique décisionnelle présentées ci-dessus en examinant, non l'existence d'un lien de causalité directe entre acte et convention, mais si l'acte en question exige effectivement la mise en œuvre de prérogatives de puissance publique. L'arrêt de cassation dans l'affaire *Adidas* illustre cette particularité [56].

La Cour, réformant l'arrêt d'appel, relève que la disposition du règlement en cause n'a pour seul objet que la fourniture exclusive de vêtements et d'équipements sportifs par la LNF aux clubs de 1e et 2e division, et décide qu'elle ne peut donc être caractérisée comme une mesure mettant en œuvre des prérogatives de puissance publique. En d'autres termes, précise la Cour, la disposition litigieuse ne concerne que des activités commerciales de distribution de produits qui se ne rattachent pas à la mission de service public de la LNF. L'on verra que le juge communautaire tient un raisonnement similaire en recherchant les prérogatives de *jus imperium* d'une mission de service public.

En définitive, les solutions du Conseil de la concurrence, de la Cour d'appel et de la Cour de cassation diffèrent dans leur approche sans pour autant apparaître incompatibles. Il semble même que ces approches puissent être unifiées comme dans l'arrêt *La Cinq/Fédération française de football* (association parente de la LNF) où l'arrêt d'appel a été exactement confirmé par la Cour de cassation [57]. Celle-ci a repris l'attendu

---

56. Cass. com., *Adidas*, 2 décembre 1997 : *BOCCRF*, 31 décembre 1997, p. 82.
57. Cass. com., *La Cinq/FFF*, 1er mars 1994 : *BOCCRF*, 29 mars 1994, p. 103.

du Conseil de la concurrence et de la Cour d'appel relevant que si la FFF participait à l'exécution d'une mission de service public, il n'en était pas ainsi pour les contrats de droit privé qu'elle passait avec les chaînes de télévision [58]. Ainsi, cette dernière affaire indique un possible rapprochement des critères de la détachabilité et du contenu de la mission de service public.

★

Au-delà des errements et des contrariétés de jurisprudence hérités d'un texte sans doute mal rédigé, ayant suscité une décision originelle inapplicable, et de la division des compétences entre les deux ordres juridictionnels, le principe confirmé est celui de l'application du droit interne de la concurrence aux activités économiques des personnes publiques. Pour autant, ce principe est loin d'être absolu, contraint par une dérogation de service public aux contours encore difficiles à fixer. N'a-t-on pas d'ailleurs avec justesse remarqué que « le statut du service public reste entièrement à élaborer au regard du droit de la concurrence » [59] ? Le droit communautaire de la concurrence, droit moderne, mais surtout droit suprême, bénéficie d'une plus grande cohérence.

---

58. Voir aussi, *Fédération française de ski*, où le Conseil s'est contenté de relever que la diffusion de produits d'assurance ski n'entrait pas dans le champ de la mission de service public de la FFS et constituait bien une activité de service, entrant dans le champ d'application de l'article 53, Cons. conc., *FFS*, 28 juin 1994 : *BOCCRF*, 16 septembre 1994, p. 395.
59. M. A. Frison Roche, *op. cit.*

2

Le droit communautaire de la concurrence

Le droit communautaire de la concurrence pose d'emblée le principe de son application à toutes les entreprises, sans distinction entre personnes privées et publiques *(2.1)*. Mais, par une étonnante influence en retour du droit français, le principe d'application générale des dispositions de concurrence aux entreprises fait place à certaines dérogations connues du droit public national *(2.2)*.

2.1. L'application du droit de la concurrence à toutes les entreprises

Les dispositions communautaires de concurrence obéissent à une dichotomie distinguant les dispositions applicables aux Etats (aides d'Etat, article 92 et suivants) des dispositions applicables aux entreprises (article 85 prohibant les ententes restrictives de concurrence, article 86 prohibant les abus de position dominante et article 90 relatif à la suppression des droits exclusifs ou spéciaux) [60]. Mais ces dispositions ne précisent pas l'objet de leur application : nulle définition de la notion d'entreprise

---

60. Les articles du traité de Rome sont cités dans leur numérotation d'origine. Une table de concordance avec la numérotation résultant du traité d'Amsterdam figure à la fin de l'ouvrage, p. 125. Cette distinction, posée par les fondateurs du traité de Rome, est loin d'être parfaite, puisque le traité a prévu une section II concernant les seules pratiques de dumping, dispositions concernant à la fois les entreprises et les Etats membres, que l'objet de la section III est limitatif puisqu'il ne vise que les seules aides étatiques, et qu'enfin, bien que l'Etat soit le sujet agissant en matière d'aides d'Etat, les entreprises sont les principaux destinataires de ces aides (article 92.1 : « certaines *entreprises* ou certaines productions »). Mais cette dichotomie est généralement utilisée (voir, par exemple, la présentation retenue par la revue *Europe* dans l'examen des décisions et arrêts communautaires).

n'existe dans les traités. Il revint donc à la Cour de justice des Communautés européennes (la CJCE) le soin de poser les jalons de cette définition, maintenant bien établie *(2.1.1)*. L'on verra que le droit communautaire n'échappe pas aux questionnements posés en droit interne par l'exercice de prérogatives de puissance publique *(2.1.2)*, ou par les organismes de sécurité sociale *(2.1.3) :* la réponse du juge communautaire est alors de nier avec discernement à ces opérateurs leur qualité d'entreprise.

2.1.1. De la notion à la définition de l'entreprise

En droit communautaire, la question de la qualification de l'entreprise afin d'appliquer les dispositions de concurrence a ignoré la distinction personne publique/personne privée, comme l'y invitait l'absence dans le traité de dispositions spécifiques aux entreprises publiques. Adoptant une problématique proche de l'évolution entreprise par les juridictions françaises, le juge communautaire a marqué une préférence pour un critère fonctionnel de l'entreprise dès l'arrêt *British Telecom*. Mais ce n'est qu'avec les arrêts *Höfner* et *Corbeau* que cette jurisprudence a trouvé son achèvement en rejetant clairement le critère organique, permettant ainsi de passer d'une simple notion à une véritable définition de l'entreprise.

a) La notion d'entreprise : adoption d'un critère fonctionnel

Les articles 85 et 86 du traité de Rome, prohibant les ententes restrictives de concurrence et les abus de position dominante, s'adressent aux entreprises. Cependant, nulle définition de cette notion n'est donnée [61]. Tradition-

61. La notion d'entreprise souffre d'un manque de définition juridique tant en droit français qu'en droit communautaire ; c'est avant tout une notion économique. Le droit commercial interne a négligé le terme d'entreprise et utilisé celui de société, mais l'article 1832 du Code civil fait lui-même référence à la notion d'entreprise sans pourtant en offrir de définition (Article 1832, al. 1 Code civil : *« La société est instituée par deux ou plusieurs personnes qui conviennent par un contrat d'affecter à une entreprise commune des biens ou leur industrie en vue de partager le bénéfice ou de profiter de l'économie qui pourra en résulter... »*). L'expression désigne à la fois le contrat et la personne morale à laquelle il a donné naissance (voir ESCARRA et RAULT, *Traité théorique et pratique de droit commercial, Les sociétés commerciales*, T. I, Sirey, 1950). Alors que la version française du traité de Rome utilise le terme « entreprise », terme indiquant la commercialité de la personne, sa version anglaise fait référence au terme « undertaking », dont toute idée de commercialité est *a priori* absente. Un « undertaking » signifie en premier lieu une promesse, un engagement. Ainsi, le *MOZLEY & WHITLEY's Law Dictionary* (Ivory, 10th edition, Londres) ne mentionne pas les notions de « task », « venture », ni d'« entreprise » sous l'entrée *undertaking*, comme le fait le *Dictionnaire anglais/français Navarre* (2e édition, LGDJ) ; la signification d'entreprise ne lui a été donnée que par la pratique linguistique. Ainsi, dans les terminologies anglaise comme française, les termes d'« entreprise » et d'« undertaking »

nellement, la question de la définition de l'entreprise était liée en droit communautaire à celle de l'imputabilité de l'infraction. La CJCE avait précisé, notamment dans une affaire *Hydrotherm* [62], la notion d'unité économique : tout comportement entre entreprises distinctes réunies au sein d'un même groupe échappe à l'application du droit communautaire de la concurrence. Ainsi était-il acquis que la personne juridique ne se confond pas avec l'entreprise. La Commission avait quant à elle privilégié une conception extensive : un inventeur exploitant son brevet [63], des chanteurs d'opéra commercialisant leurs prestations artistiques [64], avaient pu être considérés comme des entreprises pour l'application des articles 85 et 86.

Mais l'insuffisance de la définition résultant de la pratique administrative et de la jurisprudence est apparue quand une entité mise en cause au regard des règles de concurrence tentait d'échapper à leur application en prétendant revêtir la qualité d'autorité publique du fait de la prise en charge de certaines fonctions administratives caractéristiques.

Cette défense a ainsi été invoquée en vain dans l'affaire *British Telecom* [65] où la CJCE devait apprécier la légalité de certaines dispositions arrêtées par l'United Kingdom Post Office, puis par British Telecom, tendant à restreindre l'activité internationale d'agences de réexpédition de messages. De manière paradoxale, ce n'était ni l'entreprise, ni l'Etat britannique, qui contestait la décision par laquelle la Commission avait condamné au titre de l'article 86 les refus de réexpéditions de l'opérateur, mais le Gouvernement italien, attestant ainsi du caractère crucial pour certains Etats parmi les plus interventionnistes de la question posée. Selon les représentants italiens, l'exercice par BT d'un pouvoir normatif de droit public ne pouvait être appréhendé sur le fondement des dispositions de l'article 86 réservé aux activités ayant un caractère d'entreprise. C'était, en pointillés, la distinction portée par la jurisprudence française entre actes et activités dont le principe était ainsi invoqué. Mais la CJCE a écarté l'argument :

> « L'activité par laquelle une entreprise ayant le statut d'entreprise nationale gère les installations publiques de télécommunications, et les met moyennant

---

n'ont pas de signification juridique précise. Il était donc normal que l'on retrouve les mêmes difficultés sémantiques en droit communautaire. Il appartenait à la jurisprudence de la CJCE de donner un corpus juridique à l'entreprise.

62. CJCE, *Hydrotherm*, 12 juillet 1984, aff. 170/83 : *Rec.*, p. 2999.

63. CCE, *Reuter/Basf*, 26 juillet 1976 : *JOCE*, 1976 L 254/40 ; CCE, *AOIP/Beyard*, 2 décembre 1975 : *JOCE*, L 6/8, 13 janvier 1976.

64. CCE, *RAI/Unitel*, 26 mai 1978 : *JOCE*, L 157/39, 15 juin 1978.

65. CJCE, *British Telecom*, 20 mars 1985, aff. 41/83 : *Rec.* p. 873, concl. M. DARMON, p. 876. Sur la persistance du critère organique, voir intervention de R. SAINT-ESTEBEN, « Le juge administratif face au droit de la concurrence : un sujet de dispute », *Atelier DGCCRF*, Paris, 11 mai 1995.

> le paiement de redevances à la disposition des usagers, constitue une activité d'entreprise soumise comme telle aux obligations de l'article 86 du traité. Rentre dans cette activité, et peut donc faire l'objet d'un contrôle au regard de l'article 86 du traité, l'exercice autonome d'un pouvoir réglementaire strictement limité à la fixation des tarifs et modalités des prestations fournies aux usagers... ».

La démarche du juge communautaire privilégie ainsi un critère fonctionnel, l'activité d'entreprise, sans pour autant expressément écarter le critère organique (caractérisé en l'espèce par l'exercice du pouvoir réglementaire). La solution s'inspire de la théorie de l'effet utile des règles du traité, invoquée par l'avocat général, M. Darmon : *« Sauf à priver de tout effet utile les articles 85 et suivants, les entreprises ne peuvent échapper à l'application des règles de concurrence du traité du seul fait que leur comportement a été rendu possible par la puissance publique ».*

Pour autant, cette jurisprudence ne permettait pas la pleine application des dispositions communautaires de concurrence aux personnes publiques comme devait en attester l'arrêt *Bodson* [66]. Dans cette affaire concernant une concession municipale de service de pompes funèbres, la CJCE, rappelant que l'article 85 ne s'applique qu'aux entreprises, a posé que cette disposition ne visait pas les contrats conclus entre communes agissant dans leur qualité d'autorités publiques et des entreprises chargées de l'exécution d'un service public. Le juge communautaire apparaît ainsi inspiré par la conception française illustrée par la jurisprudence *Ville de Pamiers* en conférant une immunité aux contrats conclus par toutes autorités publiques. Cette position ne devait pas résister au mouvement de libéralisation des monopoles.

b) La définition de l'entreprise : rejet du critère organique

C'est en effet à l'occasion de l'ampleur prise par la politique de libéralisation de la Commission au début des années 1980 qu'est apparue une véritable définition de la notion d'entreprise, et qu'a été élargi le champ d'application du droit communautaire à l'ensemble des activités économiques [67]. Ce mouvement a eu comme épicentre l'article 90.1 du traité qui dispose :

> « Les Etats membres en ce qui concerne les entreprises publiques et les entreprises auxquelles ils accordent des droits spéciaux ou exclusifs, n'édictent ni ne maintiennent aucune mesure contraire aux règles du présent traité, notamment à celles prévues aux articles 7 et 85 à 94 inclus. »

---

66. CJCE, *Bodson/Pompes Funèbres*, 4 mai 1988, aff. 30/87 : *Rec.*, p. 2479, point 18.
67. Voir *infra*, p. 64.

La mise en œuvre de cette disposition communautaire devait remettre en cause les monopoles légaux et les droits exclusifs et spéciaux détenus par certaines entreprises, rendant nécessaire l'élaboration d'une véritable définition de l'entreprise, consacrée sujet du droit communautaire de la concurrence.

Dans l'affaire *Höfner* [68], les représentants du gouvernement allemand estimaient que les activités d'une agence pour l'emploi dirigée par un organisme public ne tombaient pas dans le champ des règles de concurrence, faute pour cette agence de revêtir la qualité d'entreprise. Les représentants allemands se fondaient à cet égard sur la gratuité des services rendus et soulignaient que, bien que ceux-ci fussent principalement financés par des contributions des employeurs, les contributions étaient sans rapport direct avec les services rendus. La CJCE a rejeté cette interprétation et a considéré qu'un office pour l'emploi pouvait être considéré comme une entreprise au sens des articles 85 et 86 :

> « ... la notion d'entreprise comprend toute entité exerçant une activité économique, indépendamment du statut juridique de cette entité et de son mode de financement ; (...) l'activité de placement est une activité économique ».

Le rejet du critère organique apparaît ici expressément, marquant une avancée par rapport à l'arrêt *British Telecom*, au seul profit du caractère fonctionnel. Une entreprise est caractérisée par sa fonction, l'activité économique [69]. Cette jurisprudence a été confirmée dans une affaire *Corbeau* [70] où l'Etat belge invoquait l'inapplicabilité à son service des Postes des articles 90.1 et 86 :

> « ... une entité, telle que la Régie des Postes, à laquelle il a été accordé l'exclusivité en ce qui concerne la collecte, le transport et la distribution du courrier, doit être considérée comme une entreprise investie par l'Etat membre concerné de droits exclusifs, au sens de l'article 90.1 ».

Ainsi définie, l'entreprise apparaît comme le sujet d'élection du droit communautaire de la concurrence.

2.1.2. L'exercice de prérogatives de puissance publique

De même qu'en droit français, l'exercice de prérogatives de puissance publique peut rendre inapplicables les dispositions communautaires de

---

68. CJCE, *Höfner/Macrotron*, 23 avril 1991, aff. C-41/90 : *Rec.* I, p. 1979, point 21.
69. On notera cependant la curieuse nuance apportée plus loin par la Cour : *« les activités de placement n'ont pas toujours été et ne sont pas nécessairement exercées par des entités publiques »* (point 22), qui semble présumer la persistance d'un critère organique, en contradiction avec la clarté de l'attendu précédent.
70. CJCE, *Paul Corbeau*, 19 mai 1993, aff. C-320/91 : *Rec.* I, p. 2533, point 8.

concurrence. Mais le droit communautaire parvient à cette solution en décidant que l'accomplissement d'une activité comportant l'exercice de prérogatives de puissance publique disqualifie une entité économique de sa qualité d'entreprise comme l'illustre l'arrêt *Eurocontrol* [71].

L'affaire opposait Eurocontrol, organisation internationale chargée du contrôle aérien sur une partie de l'Europe du Nord, à la compagnie allemande SAT. Cette dernière, refusant de s'acquitter de redevances de route dues à Eurocontrol, invoquait l'existence d'un abus de position dominante de l'organisme. Saisie du litige par voie préjudicielle, la CJCE devait se prononcer sur la question de la nature de l'organisation internationale.

Afin de déterminer si les activités de l'organisation étaient celles d'une entreprise au sens des articles 86 et 90 du traité, la CJCE a d'abord établi les activités d'Eurocontrol (recherche, planification, coordination des politiques nationales, établissement et perception de redevances de route pour le compte des Etats contractants, et enfin, contrôle de la navigation aérienne). Au regard de ces différentes missions, le juge communautaire a estimé que seule celle d'établissement et de perception de redevances de route pour le compte des Etats contractants était susceptible de relever d'une activité d'entreprise, les autres missions relevant de l'exercice de prérogatives de puissance publique.

Encore fallait-il que l'exercice de ces prérogatives caractéristiques de l'autorité publique ne soit pas détachable des autres activités de l'organisme. La CJCE commence donc par poser que ces redevances ne sont que « la contrepartie de l'utilisation obligatoire et exclusive des installations et services de contrôle de la navigation aérienne ». Puis, l'arrêt affirme l'indissociabilité des différentes fonctions de l'organisme :

> « Prises dans leur ensemble, les activités d'Eurocontrol, par leur nature, par leur objet et par les règles auxquelles elles sont soumises, se rattachent à l'exercice de prérogatives, relatives au contrôle et à la police de l'espace aérien, qui sont typiquement des prérogatives de puissance publique. Elles ne présentent pas un caractère économique justifiant l'application des règles de concurrence du traité... Eurocontrol ne constitue pas, dès lors, une entreprise assujettie aux dispositions des articles 86 et 90 du traité ».

La globalisation ainsi faite par les juges communautaires marque la prépondérance de la présence, dans un ensemble d'activités, dont certaines peuvent être économiques et habituellement exercées par des entreprises privées, des prérogatives de puissance publique [72].

---

71. CJCE, *SAT/Eurocontrol*, 19 janvier 1994, aff. C-364/92 : *Rec.* I, p. 43, points 28-30 ; *D.*, 1995, jur., p. 33, note G. LHUILIER.

72. La CJCE avait déjà, dans un arrêt *LTU*, jugé qu'Eurocontrol, dans son activité de redevances, devait être regardée comme une autorité publique agissant dans l'exercice

Le parallèle avec la jurisprudence française est frappant : de même que le juge français questionne le caractère indétachable entre prérogatives de puissance publique et contrats, le juge communautaire examine l'indissociabilité des activités réglementaires et économiques. Posant le principe selon lequel l'activité économique de perception de redevances constitue la contrepartie directe du bénéfice de l'exercice de prérogatives de puissance publique, la CJCE rejoint ainsi l'approche du Conseil de la concurrence et de la Cour d'appel qui avaient examiné le lien de causalité entre un acte administratif et la convention prise sur le fondement de cet acte [73].

Recherchant un précédent communautaire à cette avancée jurisprudentielle, l'avocat général Tesauro soulignait que la Cour européenne avait, dès 1974 dans son arrêt *Reyners* [74], défini l'autorité publique comme celle *« qui découle de la souveraineté de l'imperium de l'Etat [et] implique, pour celui qui l'exerce, la faculté d'user de prérogatives exorbitantes du droit commun, de privilèges de puissance publique, de pouvoirs de coercition qui s'imposent aux citoyens »*. Mais comme la doctrine française l'a souligné, ces critères ne sont pas sans rappeler ceux retenus par le droit administratif pour distinguer les services publics administratifs des services publics à caractère industriel et commercial [75].

Ce n'est donc pas le caractère public d'une activité qui nie à une personne toute qualité d'entreprise, comme le soutenaient à tort les Etats membres dans l'affaire *Eurocontrol* ; c'est en définitive la supériorité des pouvoirs d'autorité publique conférés qui caractérise la mission globale d'un organisme et peut ainsi faire de lui une entité publique, en dépit de l'existence d'une d'activité économique.

2.1.3. Entreprise et sécurité sociale

Les régimes de sécurité sociale, reposant sur une logique de solidarité sociale, sont *a priori* caractérisés par l'absence de but lucratif. Cependant,

---

de la puissance publique. L'avancée marquée par cet arrêt réside donc dans l'affirmation de l'indissociabilité des différentes fonctions de l'organisme ; CJCE, *Eurocontrol*, aff. 29/76, 14 octobre 1976 : *Rec.* p. 1541 ; voir également CJCE, *Bavaria Fluggesellschaft et Germanair*, 14 juillet 1977, aff. jointes 9-10/77 : *Rec.* p. 1517. La Commission a récemment décidé dans l'affaire du monopole italien sur les tabacs que le fait que cet État membre ait confié à une administration une série de compétences impliquant l'exercice de « pouvoirs publics » n'excluait pas que les règles de concurrence communautaire soient applicables au comportement de cette administration dans le cadre de l'exercice de ses activités économiques : CCE, *AAMS*, 17 juin 1998, *JOCE*, 12 septembre 1998, L 252/47.

73. Cons. conc. et CA Paris, *Adidas*, précités, voir *supra*, p. 33.
74. CJCE, *Reyners*, 21 juin 1974, aff. 2/74 : *Rec.* p. 631.
75. R. Kovar, « La Cour de justice et les entreprises chargées de la gestion d'un service d'intérêt économique général : un pas dans le bon sens vers une dérégulation réglée » :

en l'absence d'immunité de principe dans le traité, les organismes gestionnaires de ces régimes sont susceptibles d'être qualifiés d'entreprises au regard du caractère économique lié à leur activité. La CJCE, dans ce domaine éminemment sensible pour les Etats, a adopté à cet égard une distinction essentielle entre régimes de répartition et de capitalisation.

Dans une affaire *Poucet*[76], deux travailleurs non salariés tentaient de faire échec aux demandes forcées de paiement de leurs cotisations en prétendant devoir pouvoir s'adresser librement à toute compagnie d'assurance privée, établie sur le territoire de la Communauté. Ils estimaient que les conditions fixées unilatéralement par les caisses de maladie auxquelles leur adhésion était obligatoire étaient constitutives d'un abus de position dominante au regard de l'article 86. Mais, citant l'attendu de l'arrêt *Höfner*, la CJCE a retenu que l'activité en cause n'était pas une activité économique :

> « Les caisses de maladie ou les organismes qui concourent à la gestion du service public de la sécurité sociale remplissent une fonction de caractère exclusivement social. Cette activité est en effet fondée sur le principe de la solidarité nationale et dépourvue de tout but lucratif. Les prestations versées sont des prestations légales et indépendantes du montant des cotisations ».

Cette solution est donc conforme au critère déterminé dans *Höfner*, ici mis en œuvre pour exclure du champ de l'application une activité étrangère à toute notion de commercialité. L'on peut, cependant, remarquer que, alors que dans le cas de l'office allemand pour l'emploi, les juges avaient estimé que l'absence de proportionnalité entre les cotisations versées et le service effectivement rendu était indifférente à la solution du litige, dans l'espèce en cause, la CJCE a retenu comme un élément déterminant l'indépendance des prestations versées et des cotisations exigées.

On aurait pu croire que cet arrêt *Poucet* conférait une protection générale aux organismes gestionnaires des régimes de sécurité sociale. La CJCE devait cependant rappeler, près de deux ans après, l'applicabilité de principe du droit de la concurrence au secteur de la sécurité sociale. Dans

---

Europe, juillet et août-septembre 1994, pp. 1, citant les faisceaux d'indices discernés par R. Chapus, l'objet du service, l'origine de ses ressources et les modalités de son fonctionnement (R. CHAPUS, *Droit administratif général*, Montchrestien, 1988, T. I, p. 388).

76. CJCE, *Poucet et Pistre*, 17 février 1993, aff. C-159-160/91 : *Rec.* I, p. 637, point 18. L'on relèvera la présentation des principes de la sécurité sociale faite dans le rapport d'audience : « ... *le droit de la sécurité sociale est fondé sur l'idée de redistribution (...) celle-ci est censée mettre en œuvre, entre les membres d'un même groupe, une certaine solidarité qui commande que ces derniers soient tenus de contribuer au financement du système indépendamment de leur vulnérabilité personnelle au risque* », p. 12.

l'affaire de la *Fédération française des sociétés d'assurance* [77] était invoquée l'illégalité d'un décret français relatif au régime complémentaire facultatif d'assurance vieillesse. La FFSA faisait valoir que l'attribution par ce décret du monopole de gestion du régime en question à une caisse d'assurance vieillesse particulière plaçait cet organisme, avec la déductibilité fiscale des cotisations à verser, en position d'éliminer les sociétés d'assurances concurrentes sur le marché de l'assurance vie et des produits de capitalisation et d'épargne retraite. Le Gouvernement français invoquait le bénéfice de la jurisprudence *Poucet*.

La CJCE a soigneusement établi les différences entre les deux affaires : dans la première espèce, les prestations étaient identiques pour tous les bénéficiaires, et les cotisations proportionnelles aux revenus ; cette situation rendait nécessaire que les différents régimes soient gérés par un organisme unique et que l'affiliation ait un caractère obligatoire. A l'inverse, dans l'affaire *FFSA*, l'affiliation était facultative, le régime fonctionnait selon le principe de la capitalisation et les prestations étaient proportionnelles aux cotisations. Bien que certains éléments de solidarité fussent présents dans ce régime, celle-ci n'avait qu'une portée limitée. La CJCE a donc conclu :

> « Un organisme à but non lucratif, gérant un régime d'assurance vieillesse destiné à compléter un régime de base obligatoire, institué par la loi à titre facultatif et fonctionnant... selon le principe de la capitalisation, est une entreprise au sens des articles 85 et suivants du traité CE ».

La solution ainsi dégagée dans le contentieux des organismes de sécurité sociale consacre la solution de l'arrêt *Höfner*.

Cette jurisprudence n'est pas restée sans influence sur le juge français appelé à statuer sur l'application du droit interne de la concurrence aux organismes de sécurité sociale. Ainsi, la Cour de cassation a elle-même, ignorant ses propres critères traditionnels, repris ces motifs en décidant que les organismes gestionnaires de régime de sécurité sociale ne constituaient pas des entreprises au sens du droit français et communautaire de la concurrence, faute d'exercer une activité économique [78]. De même, le Conseil de la concurrence a-t-il appliqué, bien que dans une unique affaire, la solution de la CJCE en décidant que les caisses de sécurité sociale exerçaient une activité exclusive de toute activité économique. Mais cette jurisprudence apparaît encore incertaine [79]. Il revient aux juri-

---

77. CJCE, *Fédération française des sociétés d'assurance (FFSA)*, 16 novembre 1995, aff. C-244/91 : *Rec.* I, p. 1995, p. 19-21 ; R. KOVAR, « Droit communautaire et service public : esprit d'orthodoxie ou pensée laïcisée » : *RTD eur.*, 1996, p. 215 ; J. B. BLAISE, L. IDOT, « Chronique concurrence » : *RTD eur.*, 1996, 567, n° 3 et s.
78. Voir *supra,* p. 31.
79. Cette influence communautaire s'étend même, à l'occasion, au-delà du secteur de la sécurité sociale. Voir, à propos des agences de bassin, CE, *Letierce*, 1er juin 1994 :

dictions françaises de décider de suivre jusqu'au bout cette tendance en revenant sur l'arrêt de la chambre criminelle de la Cour de cassation ayant déclaré qu'un organisme gérant un régime légal d'assurance vieillesse complémentaire et facultatif n'exerce aucune activité commerciale et échappe aux dispositions de concurrence [80].

Quoi qu'il en soit, l'on observe que la dérogation tirée de la « solidarité sociale » à la qualification d'entreprise est aujourd'hui limitée au seul secteur de la sécurité sociale. On attend avec intérêt les positions que prendront les autorités européennes à l'égard d'autres secteurs reposant sur la solidarité sociale, comme, de manière plus générale, la santé (hôpitaux, cliniques...), voire l'enseignement, où agissent de nombreux opérateurs privés sans le bénéfice de prérogatives de puissance publique.

2.2. L'exercice d'une mission de service public

Le champ d'application du droit communautaire de la concurrence étant circonscrit — et de la manière la plus large par son application à toutes les entreprises — celles-ci peuvent encore tenter d'échapper à la mise en œuvre des dispositions de concurrence en invoquant l'« exception » tirée de l'exercice d'une mission de service public contenue à l'article 90.2 du traité :

> « Les entreprises chargées de la gestion de services d'intérêt économique général ou présentant le caractère d'un monopole fiscal sont soumises aux règles du présent traité, notamment aux règles de concurrence, dans les limites où l'application de ces règles ne fait pas échec à l'accomplissement en droit ou en fait de la mission particulière qui leur a été impartie. Le développement des échanges ne doit pas être affecté dans une mesure contraire à l'intérêt de la Communauté ».

Le texte prévoyant l'application de principe des dispositions de concurrence et son inapplicabilité dans certaines circonstances particulières, il apparaît préférable d'utiliser le terme d'exemption plutôt que celui

---

RFDA, 1994, p. 841, *AJDA*, 1994, p. 633, concl. J. ARRIGHI DE CASANOVA ; *Europe*, octobre 1994, nº 386, note D. SIMON : *« Considérant... que les règles fixées à l'article 90 du traité de Rome ne concernent que des « entreprises », qu'elles soient publiques, chargées de la gestion de services d'intérêt économique général, dotées par l'Etat de droits spéciaux ou exclusifs, ou présentent le caractère d'un monopole fiscal ; qu'en jugeant que la mission des agences financières de bassin ne consiste pas à intervenir sur un marché de biens ou services et que ces agences ne constituent ainsi pas des « entreprises » et échappent dès lors aux règles fixées par l'article 90 susmentionné, la cour n'a pas commis d'erreur de droit ni donné aux faits une qualification juridique erronée ».*

80. Cass. crim., *Marti*, 25 novembre 1992, précité, note 50.

d'exception, utilisé en pratique. Encore convient-il de rappeler que, à l'instar du droit interne, le service public ne saurait être en lui-même un critère permettant d'échapper au droit de la concurrence.

Souvent invoquée par les entreprises désireuses d'échapper aux contraintes des règles de concurrence, elle est, inversement, peu appliquée par les autorités européennes. Cette situation s'explique tout d'abord par la différence de conception séparant la notion française de service public et celle, communautaire, de « services d'intérêt économique général » *(2.2.1)* ; elle s'explique également et surtout par le caractère dérogatoire de l'article 90.2 appelant une interprétation stricte dans sa mise en œuvre *(2.2.2)*.

2.2.1. Service public et services d'intérêt économique général

Se pose en effet tout d'abord un problème de définitions [81]. A l'opposé du droit administratif français, le droit communautaire ignore pour l'essentiel la notion de « mission de service public » [82], comme l'illustre le terme de services d'intérêt économique général employé par l'article 90.2. Devenue enjeu politique dans le discours anti-bruxellois, la Commission a, en septembre 1996, publié une communication [83] définissant la notion de services d'intérêt général et d'intérêt économique général [84].

---

81. La notion de service d'intérêt économique général et de service public a fait et continue de faire l'objet de longs débats doctrinaux et politiques ; voir, parmi de multiples références, Conseil d'Etat, *Rapport 1994, Service public, services publics : déclin ou renouveau*, p. 15 ; ASPE-ISUPE, *L'Europe à l'épreuve de l'intérêt général*, 1994 ; Centre d'études des entreprises publiques (CEEP), *Europe, concurrence et service public*, 1995 ; R. KOVAR, « Droit communautaire et service public : esprit d'orthodoxie ou pensée laïcisée » : *RTD eur.*, 32 (3), juillet-septembre 1996, p. 93.
82. Le droit communautaire connaît en revanche les obligations de service public en matière de transport dont le financement est autorisé et encadré : Article 77 du traité relatif à la compatibilité des aides qui répondent aux besoins de la coordination des transports ou qui correspondent au remboursement de certaines servitudes inhérentes à la notion de service public » ; voir aussi Règlement CEE n° 2408/92 du Conseil du 23 juillet 1992, *JOCE*, L 240/8 du 24 août 1992 qui autorise expressément le financement de certaines liaisons aériennes périphériques ou rurales au titre des obligations de service public ; voir également à ce sujet Lignes directrices sur l'application de l'article 92 aux aides d'Etat dans le secteur de l'aviation du 10 décembre 1994.
83. Communication de la Commission sur les services d'intérêt général en Europe, *JOCE*, C 281/3, 26 septembre 1996. Pour un commentaire, voir D. SIMON et F. LAGONDET, « La Communication de la Commission sur les services d'intérêt général en Europe » : *Europe*, janvier 1997, p. 4 ; pour le point de vue de la DG IV : voir J.-L. BUENDIA, « Services d'intérêt général en Europe et politique communautaire de concurrence » : *Competition Policy Newsletter*, Vol. 2, n° 3, Autumn/Winter 1996, p. 14 et 41.
84. La CJCE, bien qu'ayant analysé à plusieurs reprises des activités d'intérêt économique général, n'en a jamais donné une définition ; cf. conclusions de l'avocat général Cosmas dans CJCE, *Diego Cali*, 18 mars 1997, aff. C-343/95 : *Rec.* I, p. 1547, note 84. La CJCE a pourtant, à plusieurs reprises, analysé des activités d'intérêt économique général : par exemple le maintien de la navigabilité d'une importante voie d'eau (*Muller e.a.*,

Constituent pour la Commission des services d'intérêt général, les activités de services remplissant des missions considérées d'intérêt général par les autorités publiques, et soumises pour cette raison à des obligations spécifiques de service public. Des obligations de service public spécifiques peuvent être imposées par l'autorité publique dans le but de favoriser ou permettre l'accomplissement de ces missions d'intérêt général. Les services d'intérêt général sont de deux natures : économiques (ou marchands), ou non économiques (ou non marchands). Les dispositions de l'article 90 ne s'appliquent pas à ces dernières. Des indications d'activités non marchandes sont données par la Communication : activités régaliennes telles que la sécurité, la justice, la diplomatie et l'état civil, mais également l'emploi, la protection sociale, la santé publique, et encore, l'éducation, la formation et la culture [85].

Afin d'assurer une meilleure protection de leurs services publics, les Etats membres ont tenté de renforcer les dispositions de l'article 90.2 [86]. Ces efforts ont mené à l'adoption d'un nouvel article 7 D dont l'effet apparaît cependant limité à rappeler l'importance attachée par la Communauté et les Etats au bon fonctionnement des services d'intérêt général :

> « Sans préjudice des articles 77, 90 et 92... la Communauté et les Etats membres veillent à ce que [les services d'intérêt économique général] fonctionnent sur la base de principes et dans des conditions qui leur permettent d'accomplir leurs missions ».

Du côté français, le Conseil d'Etat [87], notamment, a vivement critiqué la conception communautaire des services d'intérêt économique général, dénoncée comme réductrice de la notion de service public. Est ainsi attaquée une approche tendant à banaliser le service public en l'enfermant dans une position d'exception tolérée. Le concept communautaire de service universel, introduit dans les directives de libéralisation des télécommunications et des postes, ne constituerait qu'un concept résiduel de

---

14 juillet 1971, aff. 10/71 : *Rec.* p. 723), la prestation de services dans le secteur audiovisuel (*Sacchi*, 30 avril 1974, aff. 155/73 : *Rec.* p. 409), l'exploitation de lignes aériennes non rentables commercialement (*Ahmed Saeed Flugreisen* et *Silver Line Reisebüro*, 11 avril 1989, aff. 66/86 : *Rec.* p. 803) et les services postaux (*Corbeau*, 19 mai 1993, aff. C-320/91 : *Rec.* I, p. 2533).

85. Communication, *op. cit.*, points 18 et 56.

86. Un premier ministre s'était engagé à faire inscrire le service public à la française dans le traité... *Les Echos*, 15-16 décembre 1995 ; voir aussi la proposition de charte européenne pour le service public du... Commissaire à la concurrence, K. Van Miert, *La Tribune Desfossés*, 6 décembre 1995. Des auteurs ont ainsi suggéré les moyens d'intégrer les principes du service public dans le droit positif communautaire, voir S. RODRIGUES, « Quelques propositions » : *RFDA*, 11 (2), mars-avril 1995, p. 335.

87. *Conseil d'Etat, Service public, services publics : déclin ou renouveau, Rapport 1994*, p. 15 ; pour un commentaire, voir F. GAZIN, F. LAGONDET, « Le Conseil d'Etat, les services publics et le droit communautaire : à propos du rapport public du Conseil d'Etat pour 1994 » : *Europe*, octobre 1995, p. 1.

la notion française de service public, puisque limité au « service de base » et au « service minimum ». Cette conception réductrice du service universel limiterait sa portée à la seule satisfaction des intérêts vitaux de la collectivité et des usagers considérés comme de simples consommateurs. Par ailleurs, est dénoncé, non sans raison, le manque de lisibilité des principes et des règles applicables qui, au motif de leur diversité, empêchent de considérer qu'il existe une doctrine communautaire de service public.

La communication de la Commission ne permet pas de répondre à ces critiques. De plus, son intérêt apparaît limité quand il s'agit de mettre en œuvre l'article 90.2 ; il faut alors faire référence à la seule jurisprudence, parcimonieuse, de la CJCE [88].

Protocoles et déclarations relatifs au service public. — Les conférences modificatives des traités sont l'occasion d'expression politique de défense de certains services publics que les juristes de la Commission tentent d'encadrer. Il en est ainsi, à l'occasion de la conférence d'Amsterdam en 1996 de différentes déclarations et protocoles. Le protocole audiovisuel, concernant l'application de l'article 90.2 conjointement avec les dispositions en matière d'aides d'Etat, dispose en substance que les dispositions du traité sont sans préjudice de la compétence des Etats membres de pourvoir au financement du service public de radiodiffusion. La déclaration n° 37, concernant également la mise en œuvre des articles 90.2 et 92, est consacrée aux établissements publics de crédit en Allemagne, mais sa formulation apparaît moins favorable : *« La Conférence prend connaissance de l'avis de la Commission, qui estime que les règles de concurrence en vigueur dans la Communauté permettent de prendre pleinement en compte les services d'intérêt économique général assurés en Allemagne par les établissements de crédit de droit public, ainsi que les avantages qui leur sont accordés en compensation des coûts inhérents à la prestation de ces services ».* Lors des négociations de la Conférence d'Amsterdam, l'Allemagne avait en effet tenté d'obtenir une déclaration d'exemption de ces établissements bancaires publics des règles relatives aux aides d'Etat (sous la forme d'une interprétation de l'article 222 du traité).

Quelle est donc la portée de ces protocoles et déclarations quant à la mise en œuvre de l'article 90.2 ? La valeur juridique des déclarations dans la hiérarchie des normes juridiques communautaires apparaît incertaine et variable. Leurs termes suggèrent l'absence de caractère obligatoire ou contraignant et, généralement, leur fort caractère politique. Il n'en va pas de même des protocoles auxquels l'article 239 du traité confère une valeur égale aux articles. L'épisode des banques allemandes lors des négociations d'Amsterdam souligne que la Commission s'op-

---

88. On remarquera un arrêt *Corsica Ferries* où la CJCE, pour la première fois, admet que certains services peuvent recevoir la qualification de service d'intérêt économique général au motif que leurs prestataires sont tenus de fournir à tout moment et à tout usager un « service universel ». La motivation de l'arrêt apparaît lacunaire, car la prise en charge d'un service universel n'entraîne pas nécessairement la qualification de service d'intérêt général ; CJCE, aff. C-266/96, *Corsica Ferries*, non publié, voir L. IDOT, note, *Europe*, août-septembre 1998, n° 289.

pose à toute insertion d'amendement, article, déclaration ou protocole, qui serait contraire au droit communautaire, tel qu'il résulte des dispositions des traités, de la jurisprudence de la CJCE et de sa propre pratique décisionnelle. A l'inverse, selon ses termes, un protocole est susceptible d'ajouter aux dispositions de l'article 90.2 [89].

2.2.2. La difficile mise en œuvre de l'« exception » de service public

La reconnaissance de l'existence d'une mission de service d'intérêt économique et général au sens de l'article 90.2 s'effectue en quatre temps. Il faut que soit successivement établie l'existence d'un acte de délégation de service public *(a)* et d'obligations liées à la mission d'intérêt économique général *(b)*, puis que soit apportée la preuve de la satisfaction des critères de nécessité *(c)* et du respect de l'intérêt communautaire *(d)*.

a) Existence d'un acte de délégation de service public

Pour pouvoir bénéficier des dispositions de l'article 90.2, une entreprise doit d'abord pouvoir se prévaloir d'un acte de délégation de service public. Le premier contrôle de la CJCE porte ainsi sur l'existence d'un « acte » d'une autorité publique par lequel la gestion du service d'intérêt économique général a été confiée à une entreprise déterminée [90]. Ainsi, dans l'affaire *FFSA* [91], le Tribunal de première instance des Communautés européennes (TPICE) a relevé les différentes mesures d'origine étatique et législative sur lesquelles reposait la mission de service public de La Poste : loi n° 90-568 du 2 juillet 1990 relative à l'organisation du service public de la Poste et des télécommunications, et cahier des charges approuvé par décret n° 90-1214 du 29 décembre 1990. Le TPICE a par ailleurs admis que puisse également être fait référence à diverses mesures de politique générale arrêtées par le gouvernement.

Il convient de souligner ici que le droit communautaire, tel qu'exprimé par la jurisprudence de la CJCE, et rappelé par la Communication de la Commission sur les services d'intérêt général, laisse les Etats membres libres de définir les missions d'intérêt général, et d'octroyer aux entreprises

---

89. Voir pour le protocole audiovisuel d'Amsterdam, N. CHARBIT, *Le protocole audiovisuel d'Amsterdam : service public audiovisuel et aides d'Etat*, à paraître.

90. Conclusions de l'avocat général Cosmas, CJCE, *Diego Cali*, note 87. Voir les arrêts CJCE, *BRT II*, 21 mars 1974, aff. 127/73 : *Rec.* p. 313, point 20 ; CJCE, *Ahmed Saeed Flugreisen* et *Silver Line Reisebüro*, 11 avril 1989, aff. 66/86 : *Rec.* p. 838 ; CJCE, *Silver Line Reisebüro*, aff. 66/86 : *Rec.* p. 803, point 55, ainsi que CJCE, *Züchner*, 14 juillet 1981, aff. 172/80 : *Rec.* p. 2021, point 7.

91. TPICE, *FFSA*, 27 février 1997, aff. T-106/95 : *Rec.* II, p. 229, points 67-70-71 (confirmé par CJCE, *FFSA*, 25 mars 1998 aff. C-174/97 P, non publié).

qui en sont chargées les droits spéciaux ou exclusifs nécessaires pour assurer ces missions [92].

b) Existence d'obligations liées à la mission d'intérêt économique général

Pour pouvoir bénéficier des dispositions de l'article 90.2, l'entreprise doit ensuite pouvoir établir que les tâches particulières confiées par la puissance publique constituent bien une mission d'intérêt économique général. Pour ce faire, la CJCE relève chacune des obligations de l'entreprise pertinente dans le contexte de l'affaire en cause [93].

Ainsi, en matière de production d'électricité, dans l'affaire *Commune d'Almelo* [94], l'avocat général a relevé les spécificités du service d'intérêt économique général de la fourniture d'électricité : obligation d'approvisionnement ininterrompu de tous les utilisateurs ; égalité de traitement de ces derniers ; prévention des distorsions de concurrence entre producteurs ; protection efficace de l'environnement [95]. En matière postale, dans l'affaire *FFSA*, le TPICE a jugé que « *les contraintes de desserte de l'ensemble du territoire et de la participation à l'aménagement du territoire qui s'imposent à La Poste... doivent être considérées comme des missions particulières au sens de l'article 90, paragraphe 2 du traité* » [96]. De même, en matière d'environnement, l'avocat général Cosmas dans l'affaire *Diego Cali* a souligné, au titre de ce service économique d'intérêt général, la mission de surveillance de la pollution [97].

Les Etats membres disposent également d'une grande latitude quant à la définition de ces missions et obligations de service public ou d'intérêt général. Au vu des attendus particulièrement brefs des jugements, le contrôle de la CJCE et du TPICE apparaît limité. Toutefois, l'exemption ne peut bénéficier à des activités étrangères à cette mission. Ainsi, tout en reconnaissant que la chaîne de télévision grecque, l'ERT, est chargée de la gestion d'un service d'intérêt général, la CJCE estime que la publication d'un magazine présentant ses grilles de programme est sans rapport avec sa mission [98]. La CJCE se limite pour l'essentiel à relever au cas par cas l'existence d'une mission d'intérêt économique général, reconnaissant ainsi aux autorités des Etats membres, dans le contexte particulier de

92. Communication, *op. cit.*, point 16.
93. Pour un commentaire, voir R. KOVAR, « La Cour de Justice et les entreprises chargées de la gestion d'un service d'intérêt général : un pas dans le bon sens, vers une régulation déréglée » : *Europe*, 1994, n° 7, p. 1.
94. CJCE, *Commune d'Almelo*, 27 avril 1994, aff. C-393/92 : *Rec.* I, p. 5097.
95. CJCE, *Commune d'Almelo*, conclusions, point 162.
96. TPICE, *FFSA*, point 72.
97. CJCE, *Diego Cali*, conclusions, point 96.
98. CJCE, *ERT*, 18 juin 1991, aff. C-260/89 : *Rec.* I, p. 2925.

l'article 90.2, *« un large pouvoir d'appréciation pour réglementer certaines matières compte tenu des particularités socio-culturelles »* [99]. Selon le droit communautaire, tant la dévolution d'une mission d'intérêt économique général que l'imposition d'obligations de service public relèvent donc de la seule compétence des Etats membres. Ce principe apparaît essentiel car c'est au regard des missions telles que précisées par les Etats que sera examinée la satisfaction du critère de nécessité.

c) Démonstration du critère de nécessité

Le troisième temps du contrôle porte sur la démonstration de la nécessité de la délégation de la gestion d'un service d'intérêt économique général pour permettre à une entreprise d'accomplir sa mission particulière [100] : l'article 90.2 dispose en effet que les règles de concurrence ne peuvent être appliquées que dans la mesure où *« l'application de ces règles ne fait pas échec à l'accomplissement en droit ou en fait de la mission particulière... impartie [à l'entreprise] »* [101]. Cette condition est sans doute celle dont l'appréciation est la plus subjective, comme le souligne l'évolution de la jurisprudence communautaire.

La Commission [102], tout comme la CJCE [103], ont en effet d'abord fait preuve d'une grande exigence dans l'appréciation des incidences de l'ap-

---

99. TPICE *Ladbroke II*, 27 octobre 1994, aff. T-32/93 : *Rec.* II, p. 1015, point 37 ; CJCE, *Schindler*, aff. C-275/92, 24 mars 1994 : *Rec.* I, p. 1039, point 61 ; TPICE, *FFSA*, point 99. Les matières étudiées par la Cour dans ces arrêts concernent l'organisation des paris de course, l'organisation des services de télécommunications et celle des services publics en matière postale.

100. Cette condition constitue une condition autonome de celle de la proportionnalité, traitée ci-après. TPICE, *FFSA*, points 132 et 178. Par ailleurs, le TPICE a récemment rappelé, dans l'affaire Air Inter, l'importance de la démonstration du caractère de nécessité, TPICE, *Air Inter*, 19 juin 1997, aff. T-260/94 : *Rec.* II, p. 1000.

101. Pour un exemple d'application concernant l'application de l'article 90.2 à l'article 85 : *« ... dans la mesure où cette restriction à la concurrence est nécessaire pour permettre à cette entreprise d'assurer sa mission d'intérêt général »*, CJCE, *Commune d'Almelo*, aff. C-393/92, 27 avril 1994 : *Rec.* I, p. 5097, point 51.

102. Voir CCE, *Navewa/Anseau*, 17 décembre 1981 : *JOCE*, L 167, 15 juillet 1982, où la Commission affirme que l'application des règles de concurrence ne peut être limitée que si l'entreprise n'est pas en mesure de mettre en œuvre d'autres moyens techniquement possibles et économiquement réalisables pour remplir sa mission ; voir aussi CCE, *Screenport*, 11 juin 1993 : *JOCE*, L 179, 22 juillet 1993 ; Dans sa décision *British Telecom*, la Commission énonce que *« pour que B. T. soit exemptée de l'article 86, il ne suffit pas que l'accomplissement de la mission "d'intérêt économique général" s'en trouve compliqué »*, *BT*, 10 décembre 1982 : *JOCE*, L 360, 21 décembre 1982, p. 361.

103. CJCE, *Sacchi*, 30 avril 1974, aff. C-155/73 : *Rec.* p. 409 : *« Si certains Etats membres aménagent les entreprises chargées de l'exploitation de la télévision même pour leurs activités commerciales, notamment en matière de publicité, comme des entreprises chargées de la gestion d'un service d'intérêt économique général, ces mêmes interdictions jouent en ce qui concerne leur comportement sur le marché en vertu de l'article*

plication des règles de concurrence sur la réalisation de la mission particulière confiée à une entreprise. L'obstacle pouvant résulter de l'application des règles de concurrence doit affecter l'accomplissement de la mission d'intérêt économique général. Ainsi, comme l'observe justement R. Kovar [104] :

> « La lettre de l'article 90, § 2 fait montre de rigueur dans son appréciation de l'intensité de l'incidence de l'application des règles de concurrence. L'emploi du terme "échec" en porte témoignage... D'interprétation stricte, l'article 90, § 2 exige que l'entreprise soit dans l'impossibilité de réaliser sa mission. La Cour de justice confirmera cette interprétation dans son arrêt. Cette orientation se vérifie encore dans plusieurs décisions de la Commission qui sera suivie par la Cour de justice... Autrement dit, le recours à l'article 90, § 2 ne peut être l'*ultima ratio* pour empêcher la carence du service d'intérêt économique général ».

Toutefois, les arrêts *Corbeau* et *Commune d'Almelo* ont ensuite suggéré un assouplissement de la jurisprudence. Dans ses conclusions dans l'affaire *Commune d'Almelo*, l'avocat général Marco Darmon insistait sur le « tournant » marqué par l'affaire *Corbeau* : l'arrêt ne reprenait pas l'attendu présent dans tous les jugements précédents de la CJCE selon lequel les interdictions prévues par les règles de concurrence doivent être « incompatibles » avec l'exercice de la mission d'intérêt économique général pour que la dérogation de l'article 90.2 soit applicable [105]. L'avocat général estimait ainsi que :

> « les règles de concurrence peuvent être écartées, non seulement lorsqu'elles rendent impossible l'accomplissement par l'entreprise considérée de sa mission de service public, mais également lorsqu'elles mettent en danger son équilibre financier ».

Bien que la CJCE n'ait pas fait droit aux conclusions de son avocat général, elle a néanmoins consacré un assouplissement de l'exigence de nécessité en faisant référence aux *« conditions économiquement acceptables »* ou aux *« conditions d'équilibre économique »* [106]. La doctrine a salué *« cette jurisprudence [qui] a le mérite de consacrer clairement les préoccupations relatives au financement du service public au nombre*

90, § 2, tant qu'il ne sera pas démontré que lesdites interdictions seraient incompatibles avec l'exercice de leur mission » ; voir aussi CJCE, *BT*.

104. R. KOVAR, « Droit communautaire et service public : Esprit d'orthodoxie ou pensée laïcisée » : *RTD eur.*, 32 (3), juillet-septembre 1996, p. 502.

105. Voir R. KOVAR, *op. cit.*, p. 503.

106. TPICE, *FFSA*, point 26 ; L'arrêt maintient la référence aux conditions d'équilibre économique : *« Le versement d'une aide d'Etat est susceptible, en vertu de l'article 90, paragraphe 2, du traité, d'échapper à l'interdiction de l'article 92 dudit traité, à condition que... l'octroi de l'aide s'avère nécessaire pour que ladite entreprise puisse assurer ses obligations de service public dans des conditions d'équilibre économique ».*

des considérations pouvant justifier l'application de l'article 90.2 » [107]. On ne peut pourtant affirmer que toute dérogation au jeu de la concurrence paraît exclue lorsque la situation financière de l'entreprise chargée de la gestion d'un service d'intérêt économique général se révèle parfaitement saine. Tout est en effet question des conditions permettant à l'entreprise de maintenir un équilibre financier. Ainsi, l'introduction de la concurrence pourrait, du jour au lendemain, faire passer la situation de l'entreprise de saine à des pertes structurelles.

Mais l'avancée la plus sensible a été acquise dans l'affaire des recours intentés par la Commission à l'encontre de plusieurs Etats membres en raison du maintien des droits exclusifs d'importation d'électricité. Pour la première fois a été condamné un refus d'application de la Commission de l'article 90.2 pour défaut de démonstration du caractère de nécessité.

Cependant, dans l'arrêt *Commission/France* [108], la CJCE, constatant les modifications substantielles qu'aurait entraînées l'ouverture du marché de l'électricité à la suite du recours de la Commission, a exigé que celle-ci démontre l'existence de moyens alternatifs propres à satisfaire les missions de service public telles que définies par l'Etat. Niant renverser la charge de la preuve, la CJCE relève qu'il ne peut raisonnablement être demandé à un Etat, qui a exposé de manière circonstanciée les raisons pour lesquelles selon lui seraient remises en cause les missions d'intérêt général, de *« démontrer de manière positive qu'aucune autre mesure imaginable, par définition hypothétique, ne puisse permettre d'assurer l'accomplissement desdites missions dans les mêmes conditions »*.

L'affaire *FFSA* [109] s'inspire d'une même évolution. La Commission avait rejeté une plainte à l'encontre d'aides d'Etat au bénéfice de La Poste en invoquant l'« exception » de l'article 90.2. Les plaignants reprochaient à la Commission de n'avoir pas établi la nécessité de l'aide pour assurer l'accomplissement des missions d'intérêt public de La Poste. Mais le TPICE, relevant que la Commission avait pris appui sur des études tendant à montrer que l'aide n'allait pas au-delà des missions de La Poste, a souligné que les requérants n'avaient pas avancé d'éléments susceptibles d'établir que l'aide n'était pas nécessaire [110].

---

107. Voir R. KOVAR, *op. cit.*, p. 503.

108. CJCE, *Commission/France*, 23 octobre 1997, aff. C-159/94 : *Rec.* I, p. 5819, points 59, 97-107. Voir aussi, CJCE, *Commission/Royaume des Pays-Bas*, 23 octobre 1997, aff. C-157/94 : *Rec.* I, p. 5699, et CJCE, *Commission/Royaume d'Espagne*, 23 octobre 1997, aff. 160/94 : *Rec.* I, p. 5888. Parmi les nombreux commentaires, voir F. BLUM, « La légalité du monopole d'EDF-GDF toujours en suspens » : *Les Echos*, 31 octobre 1997 ; S. DESSALAS, S. RODRIGUES, « Marché unique et services publics : la Cour de justice poursuit sa quête d'équilibre » ; *LPA*, 16 février 1998, n° 20, p. 9, R. KOVAR, « La fée électricité : plus de lumière sur les articles 37 et 90 du traité CE » : *Europe*, décembre 1997, p. 3.

109. TPICE, *FFSA*, point 181.

110. Bien qu'on puisse s'interroger sur la confusion des caractères de proportionnalité et de nécessité dans cet attendu ; voir *supra*, p. 52 et *infra, p. 55*.

Cela revient à exiger du demandeur la charge de la preuve dès lors que les conditions d'exercice des missions de service public ont été clairement établies et que la mise en œuvre des dispositions de concurrence serait susceptible de les remettre en cause [111]. La CJCE et le TPICE apparaissent ainsi poser une présomption selon laquelle le financement des missions de service public est *a priori* nécessaire à l'accomplissement de ces missions.

d) Respect de l'intérêt communautaire

L'article 90.2 dispose enfin que « *Le développement des échanges ne doit pas être affecté dans une mesure contraire à l'intérêt de la Communauté* ». Cette disposition s'inspire de la rédaction des articles 85 et 86, et de la conception selon laquelle les restrictions de concurrence nuisent aux échanges intra-communautaires. Là encore, la jurisprudence récente de la CJCE semble à nouveau renverser la proposition dans l'affaire *Commission/Pays-Bas* [112] ; constatant l'existence d'importants échanges intra-communautaires d'électricité, elle décide qu'il revient au plaignant ou à la Commission agissant au titre de la procédure en manquement d'Etat, d'établir que le développement des échanges entre les Etats continuerait à se développer dans une mesure conforme à l'intérêt de la Communauté en cas d'application des règles de concurrence.

La disposition terminale de l'article 90.2 peut également être interprétée comme recelant une condition de proportionnalité dont la satisfaction est nécessaire à la mise en œuvre de l'article 90.2. La règle de proportionnalité est un principe général du droit communautaire, trouvant expression dans de nombreux domaines [113]. En matière d'aides d'Etat, sa mise en œuvre exige la proportionnalité du montant du financement aux besoins que l'aide vise à satisfaire. Cette approche, mise en œuvre par le TPICE dans l'arrêt *FFSA*, sera examinée plus loin dans la section consacrée aux aides d'Etat. Elle constitue sans doute la condition dont la démonstration est la plus difficile à réaliser.

---

111. La charge de la preuve exigée par l'article 90.2 incombe normalement à l'entreprise qui se prévaut de cette disposition, CJCE, *Höfner*.
112. CJCE, *Commission/Pays-Bas*, point 71. L'argument peut sembler fallacieux puisqu'il repose sur l'exigence d'une démonstration par la Commission de l'amélioration des échanges électriques « en l'absence de politique commune dans le domaine concerné », alors que précisément *(i)* était en préparation la Directive Electricité, appelée à favoriser les échanges, et surtout *(ii)* que les recours de la Commission étaient destinés à ouvrir ce marché. Sans doute doit-on voir là un refus de la CJCE de voir la Commission mettre seule en place, par la voie du recours en manquement, une politique commune.
113. Exception à la liberté de circulation des marchandises, des personnes et des services (articles 36, 56, 66) ; exception aux ententes anti-concurrentielles (article 85.3).

2.2.3. Les réglementations étatiques restrictives de concurrence

Il existe dans toutes économies administrées, même libéralisées, de nombreuses dispositions d'ordre législatif ou réglementaire susceptibles de favoriser un comportement abusif ou restrictif de concurrence de la part d'entreprises. La question est alors de savoir dans quelle mesure l'entreprise peut trouver dans cette disposition étatique une justification de son comportement.

En droit français, l'on a noté plus haut l'existence de l'article 10.1 dans l'ordonnance de 1986 exonérant les pratiques des entreprises résultant de l'application d'un texte législatif ou réglementaire [114]. Rien de tel en droit communautaire.

Dans l'affaire *Suiker Unie* [115], la CJCE avait clairement indiqué qu'une entente entre entreprises qui serait la conséquence d'une réglementation ne saurait être condamnée. Il convenait néanmoins de rechercher si la réglementation étatique ne conservait pas à l'entreprise une certaine liberté d'initiative dans le comportement reproché ; en d'autres termes, le juge communautaire exigeait, à l'instar de la jurisprudence française, que le comportement soit la conséquence directe du texte.

Mais, dépassant la question de l'existence d'une condition exonératoire, la CJCE a condamné directement l'Etat édictant de telles mesures par une intéressante construction jurisprudentielle prétorienne. Dans l'affaire *GB-Inno/ATAB* [116], la Cour de cassation belge avait interrogé la CJCE sur la validité d'une mesure nationale imposant le respect par les distributeurs des prix du tabac fixés par le fabricant ou l'importateur. Le juge communautaire, effectuant un retour aux principes généraux du traité, commence par poser que le régime du marché unique exclut toute réglementation nationale entravant le commerce intra-communautaire. Il est ensuite donné conjointement application aux dispositions préliminaires du traité : article 3 f [117] disposant de la mise en place d'un régime de concurrence non faussée, et article 5 prévoyant l'obligation des signataires des traités de les respecter. La conclusion tirée de ces deux prémisses est déterminante pour les Etats :

---

114. Voir *supra* note 33.

115. CJCE, *Suiker Unie*, 16 décembre 1975, aff. 40-48, 50, 54-56, 113-114/73 : *Rec.* p. 1663, points 67-72.

116. CJCE, *GB-Inno/ATAB*, 16 novembre 1977, aff. 13/77 : *Rec.* p. 2115, points 28-31. Voir aussi, CJCE, *Reisbureaus*, 1er octobre 1987, aff. 311/8 : *Rec.* p. 3801. Pour les réglementations françaises du prix du livre et de l'essence, CJCE, *Leclerc/Au blé vert*, 10 janvier 1985, aff. 289/83 : *Rec.* p. 1 ; CJCE, *Henri Cullet/Centre Leclerc*, 29 janvier 1985, aff. 231/83 : *Rec.* p. 315.

117. Devenu article 3 G.

> « ... S'il est vrai que l'article 86 s'adresse aux entreprises, il n'en est pas moins vrai que le traité impose aux Etats membres de ne pas prendre ou maintenir en vigueur des mesures susceptibles d'éliminer l'effet utile de cette disposition ».

La solution ne permettait cependant pas de répondre à la question de la légalité communautaire des nombreuses réglementations professionnelles arrêtées sur délégation étatique [118]. Tel était le cas dans l'affaire *Reiff* [119] où était contestée la fixation des prix de transports routiers de marchandises, arrêtés par une commission tarifaire puis rendus obligatoires après approbation par l'autorité publique. La CJCE a jugé qu'une telle réglementation n'était compatible avec les dispositions communautaires de concurrence que si les membres de ces commissions n'étaient pas des représentants des professionnels appelés à négocier les prix, mais des experts indépendants appelés à fixer les tarifs en fonction de considérations d'intérêt général [120]. La CJCE exige encore que les pouvoirs publics n'abandonnent pas leurs prérogatives en vérifiant le respect par ces commissions du critère de l'intérêt général et en conservant en tout état de cause la possibilité de modifier la décision de celles-ci.

Pour la première fois, dans le récent arrêt *Commission/Italie* [121], un Etat a été condamné sur ce fondement pour avoir imposé à des opérateurs économiques un système de fixation de tarifs. La CJCE a relevé qu'une loi imposait aux expéditeurs en douane italiens d'élaborer par le biais de leur association professionnelle et de respecter un tarif obligatoire et uniforme. La CJCE en a déduit que l'Etat italien avait délégué à un opérateur ses compétences régaliennes et imposé ce faisant la conclusion d'un accord contraire à l'article 85. La portée de cet arrêt est grande car, à l'inverse de la jurisprudence antérieure, « il ne s'agit plus d'indications générales données lors d'un recours préjudiciel comme dans les précéden-

---

118. Dans l'affaire *Van Eycke* (CJCE, 21 septembre 1988, aff. 267/86 : *Rec.* p. 4786, point 20), la CJCE avait indiqué qu'un Etat ne pouvait déléguer à des opérateurs privés son autorité pour prendre des décisions d'intervention économique revêtant un caractère de réglementation étatique, mais, jusqu'aux arrêts *Reiff, Meng* et *Ohra* du 17 novembre 1993 (voir ci-dessous), la doctrine s'était interrogée sur l'application de la notion de délégation, cf. B. GOLDMAN et a., *op. cit.*, n° 515.

119. CJCE, *Reiff,* 17 novembre 1993, aff. C-185/91 : *Rec.* I, p. 5801 ; voir aussi *Meng*, 17 novembre 1993, aff. C-2/91 : *Rec.* I, p. 5751 ; *Ohra*, 17 novembre 1993, aff. C-245/91 : *Rec.* I, p. 5851 ; *Spediporto,* 5 octobre 1995, aff. C-96/94 : *Rec.* I, p. 2883 et, plus récemment, *Autotrasporti Librandi,* 1er octobre 1998, aff. C-38/97, non publié, où la CJCE se refuse à évaluer les dispositions de la loi et renvoie au juge national le contrôle de l'intérêt public, réduisant ainsi la portée de la jurisprudence *Reiff.* Voir L. IDOT, *Europe,* décembre 1998, n° 408.

120. La CJCE a cependant admis par la suite la présence de représentants des professionnels dans ces commissions, pour autant que ceux-ci y soient en minorité et chargés d'une mission d'expert par les organisations des opérateurs économiques, CJCE, *Commune Di Bassano Del Grappa*, 17 octobre 1995, aff. C-140, 141, 142/94 : *Rec.* I, p. 3257.

121. CJCE, *Commission/Italie*, 18 juin 1998, aff. C-35/96, non publié.

tes affaires sur la compatibilité des réglementations nationales avec les règles de concurrence, mais d'un arrêt en manquement dont la portée théorique dépasse largement le cadre de l'espèce » [122].

Ces avancées jurisprudentielles, ignorant la dichotomie des textes distinguant les règles applicables aux entreprises des règles applicables aux Etats, ont permis de dépasser le truisme de l'applicabilité des articles 85 et 86 aux seules entreprises pour imposer l'application de ces dispositions à l'activité réglementaire des Etats [123]. Mais dans la mesure où une entreprise ne disposerait pas de sa pleine liberté commerciale et contractelle, l'existence d'une réglementation est susceptible de justifier une pratique abusive ou restrictive de concurrence.

Enfin, en l'absence de texte étatique contraignant, une entreprise peut néanmoins trouver une cause d'exonération dans l'existence de « pressions irrésistibles de l'administration ». De telles pressions doivent cependant être attestées par des indices objectifs, pertinents et concordants. Ainsi, dans l'affaire *Asia Motor III* [124], le TPICE, avalisé par la CJCE, a décidé que le contexte général de la politique du gouvernement français relative aux quotas d'importation de véhicules étrangers à la Martinique avait pu retirer toute autonomie de comportement des entreprises.

La réglementation norvégienne en matière de gaz. — A la suite du refus d'adhésion réitéré par les Norvégiens à l'occasion du référendum de 1993, la Norvège n'est pas membre de l'Union européenne. Cet Etat exportant la quasi-totalité de sa production de gaz à destination des Etats membres, l'ensemble de son importante régulation sectorielle apparaît soumis aux rigueurs du droit communautaire de la concurrence. Le GFU, Comité de négociation du gaz, et le FU, Comité des approvisionnements de gaz, organismes para-étatiques régissent l'activité du secteur. Selon les termes mêmes du ministre norvégien de l'énergie, le GFU négocie les contrats, le FU organise les approvisionnements, et les opérateurs des champs « acceptent les conditions aux termes des contrats » et décident des investissements nécessaires.

A la suite du refus de vente de gaz norvégien, la société Wintershall, filiale spécialisée dans l'énergie de BASF, a déposé courant 1995 une plainte faisant état de l'existence d'ententes sur les prix auprès des services de la DG IV. La plainte a été jugée suffisamment fondée pour déclencher en juin 1996 une inspection sur place des services de la Commission, assistés par l'Autorité de surveillance de l'EEE (l'équivalent de la Commission pour l'EEE) dans les locaux des entreprises membres du GFU. La Norvège a toujours insisté sur son autonomie de décision

---

122. L. Idot, *Europe,* août-septembre 1998, n° 288.

123. Voir L. Gyselen, *Anti-competitive states measures under the EC Treaty : towards a substantive legality system*, ECLR, Competition Check-list 1994, p. 55 ; B. Goldman, A. Lyon-Caen, L. Vogel, *Droit commercial européen*, Dalloz, 1994, n° 513.

124. TPICE, *Asia Motor III*, 18 septembre 1996, aff. T-387/94 : *Rec.* II-p. 961, point 70, confirmé par CJCE, *Asia Motor III*, points 19-24.

en matière énergétique en dépit de la ratification de l'accord EEE, et fait du maintien de l'actuel système une question politique, menaçant de quitter l'EEE et de ne plus présenter sa candidature auprès de l'Union. A l'inverse, la Commission, qui a bataillé plusieurs années pour faire adopter la Directive Gaz, est particulièrement désireuse d'étendre les principes de la libéralisation à la Norvège, important fournisseur européen.

Pour toutes les compagnies acheteuses ou vendeuses de gaz en Norvège, la question est celle de leur responsabilité à l'égard d'éventuelles restrictions de concurrence qui seraient contenues dans les contrats que le GFU et le FU les ont amenées à conclure. Si ces opérateurs, éventuellement inquiétés, parviennent à établir que ces modalités leur ont été imposées par les autorités norvégiennes ou leurs représentants, sans qu'ils conservent de marge de manœuvre pour éviter ces pratiques, ils pourront être tenus comme non-responsables. Seul l'Etat norvégien sera alors, éventuellement, mis en cause. A ce jour, la Commission poursuit l'enquête de la réglementation nationale...

★

Au terme de cette première partie, la différence d'approche entre les droits français et communautaire apparaît frappante. Alors que le premier se débat encore dans des questions de compétence et de champ d'applicabilité des règles de concurrence, le second a tranché pour un critère relativement net, économique, d'inspiration a-juridique. Cet antagonisme illustre bien une différence fondamentale de conceptions des deux ordres juridiques [125]. Le droit administratif français, source de ce conflit interne, repose sur la notion d'Etat. Il n'est pas concevable — du moins du point de vue français — que le juge de droit commun soit en mesure de prononcer des injonctions à l'encontre de l'Etat. Aussi lui a-t-il été réservé le bénéfice d'un juge *ad hoc*, sinon *pro domo*.

Rien de cela au plan européen. Le droit communautaire est un droit sans Etat. Bien qu'il constitue indéniablement un (super) Etat de droit, répondant ainsi à la théorie classique de l'Etat de droit, sa finalité immédiate est tout autre que celle de ses Etats fondateurs. L'objet des traités communautaires est avant tout de nature économique. Cet « avant tout » n'emporte aucune exclusion, tant il est vrai que la véritable finalité de l'Europe est d'essence politique, les réalisations économiques n'ayant été conçues par les fondateurs que comme « travaux pratiques » de l'Europe. La transformation des *Communautés économiques européennes* en *Union européenne* rappelle cette évidence latente depuis 1957. Toujours est-il que l'objet immédiat du droit communautaire demeure de nature économique, explicitant ainsi une différence d'approche, sinon une confrontation, avec le droit interne. Le juge de l'Etat, éloigné par sa naissance du marché concurrentiel, peine à lui « infliger » le droit de la concurrence. A l'inverse, le juge communautaire, ignorant des traditions et privilèges nationaux, applique sans plus d'état d'âme ces règles aux entreprises du secteur public. Son influence ne pouvait qu'être déterminante dans les modalités d'application du droit de la concurrence au secteur public.

---

125. A. M. Frison Roche, *op. cit.*

DEUXIEME PARTIE

COMMENT LE DROIT DE LA CONCURRENCE S'APPLIQUE AU SECTEUR PUBLIC

Les entreprises du secteur public et les monopoles privés bénéficiant de mesures étatiques ont longtemps été protégés de l'application des règles de concurrence. Il n'existait pourtant pas de dérogation de principe inscrite dans les textes nationaux ou communautaires de droit de la concurrence. Leur récente mise en œuvre illustre ainsi que l'application des dispositions de concurrence relève d'une véritable politique économique et juridique. Celle-ci a été initiée aux Etats-Unis dès la deuxième moitié des années 1970 sous la forme du mouvement de libéralisation et d'ouverture des monopoles à la concurrence. Mais au-delà de l'influence du libéralisme reaganien, deux facteurs ont justifié la remise en cause de la protection dont avaient pu jouir ces entreprises. D'une part, le progrès technique a rendu en grande partie injustifié le maintien des monopoles légaux, autrefois rendu nécessaire par des contraintes matérielles. D'autre part, au plan strictement européen cette fois, la politique de concurrence communautaire est devenue un des instruments principaux d'ouverture des marchés nationaux, prenant ainsi le relais des grandes décisions ayant assuré la libre circulation des marchandises et des services (1).

A cette libéralisation des monopoles, orchestrée en Europe par la Commission européenne sous le contrôle de la CJCE, répond un mouvement de diversification nationale de ces monopoles aiguillonnés par leur mise en concurrence. Réagissant à la suppression ou aux brèches ouvertes dans leurs prérogatives monopolistiques, les entreprises titulaires de ces droits exclusifs ou spéciaux ont cherché à diversifier leurs activités. Le succès rencontré dans cette politique de diversification correspond en grande partie, outre, à l'occasion, à un réel savoir-faire valorisé sur le marché concurrentiel, aux avantages résultant de leur appartenance au secteur public ou au bénéfice de droits préférentiels d'origine étatique. Mais les entreprises concurrencées par le développement de ces activités diversifiées ont dénoncé ces avantages devant les autorités nationales et communautaires de concurrence. Après l'ouverture de ces monopoles, il est donc revenu à ces autorités de contrôler leur diversification. On verra que les principes présidant à ce contrôle s'inspirent directement des directives de libéralisation. Ce deuxième sujet illustre ainsi des préoccupations demeurées nationales mais dont les réponses se trouvent tant en droit interne que communautaire, illustrant l'interpénétration de ces politiques de concurrence (2).

Il existe, à l'inverse, un troisième sujet d'importance encore vierge de presque toutes influences réciproques. Le contrôle des subventions publiques et autres aides d'Etat n'est assuré que par le seul droit communautaire. Il est vrai que l'on ne peut légitimement s'attendre à ce que la collectivité nationale contrôle, et éventuellement reprenne, d'une main ce qu'elle a donné de l'autre. Le principe du contrôle des effets anticoncurrentiels de ces aides réside donc dans le droit communautaire ; pour autant, sa mise en œuvre, déjà en partie partagée avec les juridictions nationales, est appelée à se développer au regard de la nouvelle jurisprudence du Conseil d'Etat (3).

1

La libéralisation et le contrôle des monopoles

Les marchés connaissent deux sortes de monopoles. D'un côté agissent les monopoles résultant de l'initiative privée ; de l'autre, perdurent des monopoles étatiques, c'est-à-dire ceux ayant leur source dans des dispositions législatives ou réglementaires. Ces deux catégories de monopoles ne sont pas, en règle générale, appelées à se rencontrer, mais sont également susceptibles d'être à l'origine de restrictions de concurrence. Ils sont donc tous deux contrôlés par le droit communautaire de la concurrence. La politique de concurrence serait de moindre effet, et l'achèvement du marché intérieur compromis — objectif ultime du droit de la concurrence — si seule était contrôlée cette première catégorie de monopoles.

Le droit communautaire examine donc ces monopoles au titre des articles 85 et 86 par le biais de l'article 90. Ainsi, la prohibition des ententes anti-concurrentielles et des abus de position dominante s'applique indifféremment aux monopoles trouvant leur origine dans l'initiative libérale ou leur protection dans une réglementation étatique.

A l'inverse, du point de vue national, le droit interne de la concurrence devra tenir compte de l'origine étatique de monopoles. Ainsi, bien qu'il ait donné lieu à peu de jurisprudence, l'article 10.1 de l'ordonnance de 1986 prévoit une dérogation à l'application des règles de concurrence si des pratiques restrictives résultent de l'application d'un texte législatif ou réglementaire [1]. Le contrôle de ces monopoles est donc, sinon inexistant, du moins limité, mais l'effet direct du droit européen contraint le juge national à appliquer les dispositions communautaires de concurrence aux monopoles étatiques nationaux.

---

1. Voir note 33, *supra*.

L'on s'intéressera donc principalement, mais non exclusivement, au droit communautaire dont le principe de libéralisation des monopoles étatiques *(1.1)*, est mis en œuvre par un contrôle de ces monopoles par la Commission et la CJCE *(1.2)*.

1.1. La libéralisation des monopoles étatiques

La libéralisation est la mise en concurrence des monopoles étatiques. Cette libéralisation peut résulter, soit de l'ouverture des monopoles à la concurrence (directives de libéralisation), soit de la simple application des règles de concurrence à ces monopoles (pratique administrative et jurisprudence mettant en œuvre les articles 85 et 86). Dans les deux cas, la politique communautaire de libéralisation trouve son fondement dans l'article 90 qui prévoit la suppression des monopoles et droits exclusifs et spéciaux des entreprises publiques et privées *(1.1.1)*. Les pouvoirs conférés à la Commission par cette disposition, reconnus dans leur mise en œuvre par la cour, ont permis l'émergence d'une véritable autorité de régulation et de contrôle de ces monopoles étatiques *(1.1.2)*.

1.1.1. La suppression des monopoles étatiques restrictifs de concurrence

Le mouvement de libéralisation, inscrit dès 1957 en germe dans le traité par les fondateurs des Communautés européennes, trouve sa base juridique dans une lecture conjointe de l'article 90 avec les articles 85 et 86 *(a)*. Cette récente application du principe de suppression des monopoles étatiques contraires aux dispositions du traité a rendu nécessaire la définition des différents droits sur lesquels reposent ces monopoles *(b)*.

a) L'application conjointe de plusieurs dispositions de concurrence

Le traité de Rome prévoyait dès ses origines dans son article 37 l'obligation pour les Etats membres d'aménager les monopoles nationaux présentant un caractère commercial [2]. Mais cette disposition n'avait donné lieu

---

2. Article 37.1 1er al. UE : « *Les Etats membres aménagent progressivement les monopoles nationaux présentant un caractère commercial, de telle façon qu'à l'expiration de la période de transition soit assurée, dans les conditions d'approvisionnement et de débouchés, l'exclusion de toute discrimination entre les ressortissants des Etats membres* ».

qu'à peu d'applications, comme si les temps n'étaient pas encore prêts [3]. Ce n'est qu'à la fin des années 1980 que la Commission, mais également des opérateurs privés, mirent en œuvre avec succès les dispositions de l'article 90.1 :

> « Les Etats membres, en ce qui concerne les entreprises publiques et les entreprises auxquelles ils accordent des droits spéciaux ou exclusifs, n'édictent ni ne maintiennent aucune mesure contraire aux règles du présent traité notamment à celles prévues aux articles 7 et 85 à 94 inclus ».

Le texte appelle deux remarques. Tout d'abord, la référence aux règles du traité fait de l'article 90 une disposition de renvoi, c'est-à-dire que sa mise en œuvre doit être conjointe à celle d'une ou plusieurs autres dispositions du traité, que ce soient les articles relatifs à la libre circulation des marchandises, des personnes ou des services, ou à la politique de concurrence. Ce sont ces dernières dispositions qui ont donné lieu aux principaux développements.

Ensuite, si la notion de droits exclusifs a abondamment été établie par la jurisprudence communautaire au titre des articles 85 et 86, il n'en va pas de même des droits spéciaux dont nulle définition n'existe dans les traités.

b) Monopoles, droits exclusifs et spéciaux

La doctrine avait habituellement considéré qu'aucune différence substantielle ne distinguait droits exclusifs et spéciaux. Cette absence de définition n'avait donc pas empêché la Commission de prendre deux directives relatives à la suppression des droits exclusifs *et* spéciaux sur les marchés des terminaux de télécommunication [4] et des services de télécommunica-

---

3. Voir C.-A. COLLIARD, « L'obscure clarté de l'article 37 du traité de Communauté économique européenne » : *D.*, 1964, chr. XXXVIII, p. 263 ; J. MEGRET, « L'aménagement des monopoles français en exécution de l'article 37 du traité instituant la CEE » : *RTD eur.*, 1972, n° 3, p. 559 ; R. C. BERAUD, « L'aménagement des monopoles nationaux prévu à l'article 37 du traité CEE à la lumière des récents développements jurisprudentiels » : *Rev. Europ.*, 1979, p. 22 ; pour une application récente, voir CJCE, *Harry Franzen*, 23 octobre 1997, aff. C-189/95 : *Rec.* I, p. 5909 (à propos du monopole suédois de vente des boissons alcoolisées). Voir aussi CAA Nantes, *Distillerie Haugel*, 19 novembre 1992, où la cour administrative de Nantes a rejeté un recours visant à engager la responsabilité de l'Etat sur la base de la responsabilité sans faute du fait des lois, en constatant que la loi du 11 juillet 1985, modifiant le régime de production et de commercialisation des alcools, avait été votée en vue de satisfaire aux exigences d'aménagement du monopole des boissons alcooliques imposées par l'article 37 : *Europe*, avril 1993, n° 161, note D. SIMON.
4. Directive 88/301/CEE relative aux marchés des services de télécommunications et de l'information, 16 mai 1988 : *JOCE*, L 131, 27 mai 1998.

tion [5] sur la base de l'article 90.3. Saisie par plusieurs Etats membres tentant de s'opposer à ces textes, la CJCE, dans les arrêts *Terminaux de télécommunication* [6] et *Services de télécommunication* [7], a annulé les deux directives en ce qu'elles concernaient les droits spéciaux. Il a été ainsi reproché à la Commission de n'avoir ni procédé à la définition préalable des droits spéciaux ni déterminé en quoi ces droits étaient susceptibles de restreindre la concurrence. La Commission a donc dû modifier les directives précitées et a défini les droits spéciaux comme :

i) les droits accordés par un Etat membre à un nombre limité d'entreprises au moyen de tout instrument législatif, réglementaire ou administratif,

ii) qui limitent à deux ou plusieurs le nombre de ces entreprises, selon des critères qui ne sont pas objectifs, proportionnels et non discriminatoires,

iii) ou qui confèrent dans les mêmes termes à une ou plusieurs entreprises des avantages légaux ou réglementaires affectant substantiellement la capacité concurrentielle des autres entreprises [8].

La généralité des termes employés dans cette directive sectorielle confère un caractère de principe à cette définition applicable, *mutatis mutandis,* à l'ensemble des secteurs économiques.

1.1.2. Les pouvoirs de la Commission

Les pouvoirs de la Commission en matière de contrôle des monopoles et droits exclusifs et spéciaux se distinguent de ses autres pouvoirs conférés dans les traités. Cette singularité, qui trouve une justification dans la particularité des restrictions de concurrence d'origine légale, est illustrée par le choix des moyens *(a)* et la latitude d'action *(b)* dont dispose la Commission pour agir.

a) Choix des moyens

L'alinéa 3 de l'article 90 enjoint à la Commission de surveiller l'application de cette disposition, et lui confère, pour ce faire, le pouvoir d'édicter directives et décisions :

---

5. Directive 90/388/CEE relative aux services de télécommunication, 28 juin 1990 : *JOCE*, C 275, 20 octobre 1995, p. 2.
6. CJCE, *Terminaux de télécommunication*, 19 mars 1991, aff. C-202/88 : *Rec.* I, p. 1223.
7. CJCE, *Services de télécommunication*, 17 novembre 1992, aff. C-271-281-289/90 : *Rec.* I, p. 5833.
8. Voir Directive 94/46/CEE relative aux communications par satellite, 13 octobre 1994 : *JOCE*, L 268, 19 octobre 1994, p. 15.

> « La Commission veille à l'application des dispositions du présent article et adresse, en tant que de besoin, les directives ou décisions appropriées aux Etats membres ».

Les pouvoirs ainsi conférés à la Commission sont plus importants que ceux que le traité lui attribue dans le cadre de l'habituelle procédure en manquement d'Etat de l'article 169 (exigeant une mise en demeure, un avis motivé, puis une saisine de la CJCE). La Commission dispose avec l'article 90.3 d'un choix d'instruments puisqu'elle peut agir tant par directive que décision [9]. Ce choix a l'avantage de lui conférer une certaine souplesse en modulant les effets de son action : une directive octroie un certain laps de temps à l'Etat membre pour adapter sa législation, et lui laisse, dans une certaine mesure, une marge de manœuvre pour transposer les dispositions de la directive. A l'inverse, une décision est d'effet quasi-immédiat et sans pouvoir d'appréciation de mise en œuvre par les Etats destinataires [10].

Cette disposition offrant à la Commission un choix de moyens, une des premières questions que la CJCE dut trancher dans sa jurisprudence au titre de l'article 90 fut la latitude dont disposait l'institution communautaire pour effectuer le choix entre directive et décision.

Dans l'affaire précitée des *terminaux de télécommunication*, le gouvernement français tentait de s'opposer à la mise en œuvre de la directive de libéralisation prise par la Commission au titre de l'article 90.3 en arguant, notamment, d'un détournement de procédure : les termes de la directive auraient été équivalents à la constatation d'une violation du traité, réservée à la procédure établie par l'article 169. La CJCE a rejeté l'argument en estimant que la Commission était restée dans les limites de son pouvoir normatif, car bien qu'elle ait concrétisé les obligations des Etats membres, elle n'avait pas pris en considération la situation particulière existant dans chacun de ceux-ci.

A l'inverse, dans le cadre d'une décision prise aux termes de l'article 90.3, la Commission est autorisée à édicter les obligations d'un ou plusieurs Etats membres par rapport à une situation particulière constatée [11]. Les pouvoirs de la Commission au titre de l'édiction d'une directive ou

9. La décision 97/181/CE de la Commission du 18 décembre 1996 relative aux conditions imposées au second opérateur de radiotéléphonie GSM en Espagne (*JOCE*, L 76, 18 mars 1997), illustre la souplesse des moyens de la Commission même dans le prononcé d'une décision. Condamnant l'imposition d'un versement initial pour l'obtention de la seconde licence de radiotéléphonie mobile, la Commission indique que, bien que la mesure normale serait de rembourser la somme illicite perçue, elle demeure disposée à examiner s'il pourrait être mis fin à l'infraction par d'autres mesures, voir L. IDOT, *Europe*, mai 1997, n° 165.
10. Voir CCE, *XXIVe Rapport sur la politique de concurrence*, 1994.
11. CJCE, *Pays-Bas/Commission*, 12 février 1992, aff. C-48/90 et C-66-90 : *Rec.* I, p. 565.

d'une décision diffèrent donc en ce qu'une décision comporte nécessairement une appréciation de la situation particulière et la détermination des conséquences qui en découlent pour l'Etat membre concerné.

Ainsi, la Commission dispose-t-elle d'un choix autonome de moyens pour autant qu'elle se réfère à une situation générale ou particulière. Mais la possibilité de concrétiser les obligations des Etats membres dans le cadre d'une directive souligne que la distinction entre ces deux notions est ténue, conférant ainsi à la Commission un véritable choix quasi-discrétionnaire. Celui-ci apparaît renforcé par le choix d'action ou d'inaction de la Commission.

b) Choix de l'action

Libre du choix des moyens de son intervention, la Commission est-elle tenue d'agir sur la base d'une plainte dénonçant une situation contraire aux articles 90-85/86 ? Cette question fut posée dans l'affaire *Ladbroke II* [12]. La société britannique de prises de paris sur les courses hippiques (et canines), souhaitant opérer en France, s'était vu opposer le monopole du Paris Mutuel Urbain. Ladbroke avait donc déposé auprès de la Commission une plainte sur la base des articles 85, 86 et 90, puis, devant des délais d'examen jugés excessifs, l'avait mise en demeure de prendre position par un recours en carence (article 175).

Ainsi saisi de la question, le TPICE a déchargé la Commission de toute obligation d'émettre ou de refuser d'émettre une décision, ou de prendre une directive. Selon le TPICE, le pouvoir de surveillance dont dispose la Commission au titre de l'article 90.3 implique nécessairement la mise en œuvre d'un large pouvoir d'appréciation de la compatibilité des mesures étatiques avec les règles du traité. Par conséquent, l'exercice de ce pouvoir n'est pas assorti d'une obligation d'intervention de la part de la Commission. Le régime de la recevabilité des plaintes au titre de l'article 90.3 est ainsi aligné sur celui de l'article 169.

La CJCE a cependant récemment assoupli la jurisprudence du TPICE dans une affaire *BdB* [13] en indiquant qu'il ne saurait être exclu *a priori* qu'il puisse exister des situations exceptionnelles où un particulier ait la qualité pour agir en justice contre un refus de la Commission d'adopter une décision dans le cadre de sa mission de surveillance prévue aux articles 90.1 et 90.3. En l'espèce, la CJCE n'a pas fait droit à cette possibilité, malgré les conclusions favorables de l'avocat général. La portée de cet infléchissement de jurisprudence reste donc encore incer-

---

12. TPICE, *Ladbroke/Commission*, 27 octobre 1994, aff. T-32/93 : *Rec.* II, p. 1015.
13. CJCE, *Bundesverband der Bilanzbuchalter*, aff. C-107/95 P, 20 février 1997 : *Rec.* I, p. 957.

taine, mais l'on peut tout au moins minimiser celle-ci dans le cas de décision de refus d'action contre une législation nationale.

La discrétion du choix de l'instrument se double donc de celle d'initier l'action. Le contrôle de la CJCE à l'égard des pouvoirs de la Commission est ainsi apparu favorable à celle-ci, accompagnant une véritable politique judiciaire de limitation des monopoles étatiques.

La libéralisation du secteur énergétique : La directive Electricité — L'exemple de la libéralisation du secteur énergétique illustre les enjeux politiques entre Commission et Conseil dans la mise en œuvre de l'article 90.

Depuis la fin des années quatre-vingt, la Commission souhaitait supprimer les monopoles énergétiques en vigueur dans les Etats membres. Après quelques négociations, elle publia un premier projet de Directive Electricité basée non sur l'article 90.3 (comme l'avaient été les Directives Terminaux et Services de télécommunication) mais sur l'article 100 A. A l'inverse de l'article 90.3, le choix de l'article 100 A comme fondement juridique requiert les votes du Conseil et du Parlement. Le projet de Directive Electricité s'articulait autour de trois grands principes de libéralisation particulièrement attentatoires des monopoles étatiques : *i)* abolition des droits exclusifs de production et de distribution ; *ii)* introduction d'un système de gestion séparée pour les activités de production, de transport et de distribution assurant l'autonomie commerciale de chacune de ces activités (*unbundling*), afin de prévenir le financement d'activités déficitaires par des activités rendues rentables grâce à un monopole légal (subventions croisées) ; *iii)* l'accès des tiers aux réseaux (ATR).

Cette dernière disposition devait, notamment, provoquer l'opposition résolue de la France et de son opérateur historique à l'adoption de la Directive Electricité. Contraints de céder devant le principe d'une directive de libéralisation du secteur, les négociateurs français avançaient la notion d'« acheteur unique », véritable intermédiaire obligé entre les consommateurs industriels et les producteurs étrangers ou indépendants. Estimant tout à fait antinomiques les deux propositions, et sentant le projet de Directive menacé dans son principe, le Commissaire chargé des questions de concurrence redoublait alors de déclarations rappelant les pouvoirs de la Commission de prendre une décision sans aucune obligation de consultation : *« Si malgré ces efforts, les négociations du Conseil n'aboutissent pas, la Commission devra, comme l'a déjà annoncé son Président, faire usage des pouvoirs qui lui sont confiés au titre, par exemple, de l'article 90 paragraphe 3 »* (*Competition News,* DG IV, printemps 1995). Rejetant toute critique d'activisme, M. Karel van Miert mettait en avant l'obligation d'agir de la Commission : *« Si les choses doivent évoluer, ce sera grâce à des plaintes auprès de la Commission. »* (*Le Nouvel Economiste,* 9 juin 1995). C'était là une menace directe de la Commission d'avoir recours à son pouvoir de prendre seule soit une décision, soit une directive. La Directive 96/92 CE fut finalement adoptée le 16 décembre 1996 en laissant ouvert aux Etats membres le choix entre l'adoption de l'ATR et un système d'acheteur unique substantiellement revu. La Commission n'eut donc pas à mettre à exécution sa menace d'édiction d'une décision ou directive sur le fondement de l'article 90.3.

Le compromis atteint ne doit cependant pas faire oublier la méthode législative faite de menaces répétées d'avoir recours aux pouvoirs propres. Ainsi, le risque d'une décision au titre de l'article 90.3 a-t-elle pu constituer un véritable instrument politique. Une opinion généralement admise indique que la Commission, notamment à la suite des négociations de cette directive, a aujourd'hui perdu la faculté politique d'utiliser cette base juridique pour édicter des directives. De fait, les nouvelles directives de libéralisation font référence à l'article 100 A [14].

1.2. Le contrôle des monopoles étatiques

L'existence de monopoles étatiques est de nature à engendrer des restrictions de concurrence dommageables, et en particulier, des abus de position dominante. Pour autant, les fondateurs des Communautés n'ont pas entendu interdire le principe de ces monopoles. Ainsi, la CJCE a-t-elle jugé dans une affaire *Sacchi* [15] que rien n'interdit aux Etats membres d'établir un monopole sur la base de l'intérêt général en l'absence d'intérêts économiques, et a repris de manière constante cet attendu dans sa jurisprudence. Cependant, l'organisation et la mise en œuvre de ce monopole doivent être compatibles avec les dispositions du traité. La CJCE, inspirée par sa jurisprudence en matière de propriété intellectuelle, a ainsi établi une subtile distinction entre l'existence (ou le principe) d'un droit et l'exercice de ce droit. Au terme de cette distinction, seul l'exercice abusif de ce droit serait condamné.

Cette conception classique, protectrice des monopoles, a cependant vacillé sous l'emprise d'une véritable doctrine, dite de l'abus automatique, parfois qualifiée de « nouvelle approche » *(1.2.1)*. La jurisprudence récente de la CJCE semble avoir limité cette dérive, sans toutefois parvenir à arrêter les principes applicables *(1.2.2)*.

1.2.1. Prémisses et consécration de « la nouvelle approche »

La doctrine de l'abus automatique consiste à situer l'origine de l'abus dans l'octroi du monopole ou des droits exclusifs et spéciaux : l'abus serait consubstantiel à la création ou au maintien des monopoles ou droits monopolistiques. Si l'on pose que les monopoles publics ne peuvent nécessairement mener qu'à des situations d'abus de position dominante, c'est leur existence même qui est remise en cause. On perçoit la portée

14. Voir, par exemple, la Directive Gaz, adoptée le 22 juin 1998, *JOCE*, L 204, 21 juillet 1998.
15. CJCE, *Sacchi*, 30 avril 1974, aff. C-155/73 : *Rec.* p. 409.

économique et politique d'une telle théorie. Cette doctrine, systématisée par la Commission [16], repose sur une série d'arrêts novateurs.

a) Le monopole défaillant : l'affaire Höfner

Dans l'affaire *Höfner* [17], une entreprise qui avait recouru aux services d'un chasseur de têtes prétendait faire opposition à la demande en paiement de celui-ci en invoquant l'illégalité du contrat au regard du droit national. En effet, aux termes de la loi allemande, les services de placement étaient réservés à un office fédéral de l'emploi ; le cabinet de recrutement exerçait donc ses activités dans l'illégalité et ses contrats devaient être frappés de nullité.

Interrogée par la juridiction allemande, la CJCE a décidé, le 23 avril 1991, que, dans la mesure où le monopole public n'était manifestement pas en mesure de satisfaire la demande, le maintien en vigueur de la législation créait une situation dans laquelle l'office public pour l'emploi était *nécessairement amené* à contrevenir à l'article 86. Ainsi, tout monopole apparaît condamné en cas de défaillance reconnue. L'arrêt *ERT*, rendu peu de temps après, devait compléter ce premier élément de la doctrine de l'abus automatique.

b) Le conflit d'intérêt : l'affaire ERT

Le maire de Salonique avait établi une station de télévision locale, violant ainsi le monopole de la *Elliniki Radiophonia Tiléorassi* [18]. La CJCE a estimé, dans un arrêt du 18 juin 1991, que l'article 90.1 *« s'oppose à l'octroi d'un droit exclusif de retransmission d'émissions de télévision lorsque ces droits sont* susceptibles *de créer une situation dans laquelle l'entreprise est* amenée *à enfreindre l'article 86 par une politique d'émission discriminatoire en faveur de ses propres programmes »*. Cet arrêt va plus loin que l'arrêt *Höfner*, où la CJCE exigeait que le monopole conduise nécessairement à une conduite abusive. C'est la seule possibilité d'abus qui est ici condamnée : celui-ci consisterait simplement à cumuler un monopole de diffusion et un monopole de retransmission qui *amènerait* l'entreprise à abuser de sa position dominante en discriminant en faveur de ses propres services.

16. Voir notamment J. L. Buendia, *op. cit.*, illustrant la doctrine primant alors à la DG IV.
17. CJCE, *Höfner*, 23 avril 1991, aff. C-41/90 : *Rec.* I, p. 1979 ; voir aussi, plus récemment, CJCE, *Silvano Raso.*
18. CJCE, *ERT*, 18 juin 1991, aff. C-260/89 : *Rec.* I, p. 2925 ; voir aussi CJCE, *GB-Inno*, 13 décembre 1991, aff. C-18/88 : *Rec.* I, p. 5941. Dans le même sens, voir CJCE, *Silvano Raso.*

c) L'extension de la position dominante : l'affaire RTT

Les supermarchés belges GB-Inno vendaient dans leurs magasins des téléphones non agréés. La Régie belge des Téléphones et Télégraphe, qui disposait d'un double monopole sur les services et les appareils de télécommunications, attaqua le distributeur pour atteinte à son monopole. Saisie par le Tribunal de commerce de Bruxelles, la CJCE a estimé, le 13 décembre 1991, que : *« l'extension du monopole de l'établissement et de l'exploitation du réseau téléphonique au marché des appareils téléphoniques, sans justification objective ... est prohibée comme telle par l'article 86 ou par l'article 90.1, en relation avec l'article 86, lorsque cette extension est le fait d'une mesure étatique »* [19].

d) La neutralité du régulateur : l'affaire Terminaux de télécommunication

La Commission, dans sa Directive précitée Terminaux de télécommunication, avait édicté le principe de la suppression du cumul de droits exclusifs d'un même opérateur sur les réseaux et sur l'agrément des appareils. La CJCE a validé cette disposition dans l'arrêt *Terminaux de télécommunication* en ces termes : *« les articles 3 (f), 90 et 86 du traité CEE s'opposent à ce qu'un Etat membre confère à la société exploitant le réseau public de télécommunications le pouvoir d'édicter des normes relatives aux appareils téléphoniques et de vérifier leur respect par les opérateurs économiques alors qu'elle est la concurrente de ces opérateurs sur le marché de ces appareils ».*

La CJCE a ainsi estimé que l'octroi de pouvoirs de réglementation à des entreprises également opératrices amènerait celles-ci à abuser de leur position dominante en discriminant les activités de leurs concurrents à leur propre profit. La succession progressive de ces quatre théories devait conduire la CJCE à formuler une doctrine de l'abus automatique.

1.2.2. L'abus automatique

Dans les deux arrêts *Port de Gênes* et *Corbeau*, la CJCE a consacré une doctrine de l'abus automatique *(a)* qui a pu paraître être remise en cause dans une affaire *Commune de la Crespelle*. Les prémisses théoriques de la doctrine de l'abus automatique demeurent cependant valables *(b)*. Les juridictions françaises, au premier rang desquelles le Conseil d'Etat, ont suivi de près ces évolutions de la jurisprudence communautaire *(c)*.

---

19. CJCE, *RTT*, 13 décembre 1991, aff. C-18/88 : *Rec.* I, p. 5941.

a) La consécration : les affaires Port de Gênes *et* Corbeau

En Italie, le code de la navigation réservait l'exclusivité des opérations de débarquement et d'embarquement des marchandises à des compagnies portuaires dont les employés devaient être de nationalité italienne. A l'occasion d'une grève de ces dockers, et alors que le débarquement eût pu être effectué directement par l'équipage du navire, l'affréteur exigea le remboursement de l'opération retardée de débarquement. La CJCE, interrogée par le Tribunal de Gênes, prenant appui sur ses arrêts *Höfner* et préfigurant l'approche de l'arrêt *RTT*, estima, le 10 décembre 1991, que :

> « les entreprises investies selon les modalités définies par la réglementation nationale en cause, de droits exclusifs, sont, de ce fait, amenées soit à exiger le paiement de services non demandés, soit à facturer des prix disproportionnés, soit à refuser de recourir à la technologie moderne..., soit à octroyer des réductions de prix à certains utilisateurs.... » [20].

En posant que ces entreprises étaient *amenées de ce fait* à abuser de leur position dominante, c'était — pour reprendre une distinction apparue à propos des droits de propriété intellectuelle dans l'affaire *Grundig* [21] — l'existence même du monopole qui était remise en cause, et non son simple exercice.

L'arrêt *Corbeau* [22] constitue l'avancée ultime de la doctrine de l'abus automatique. Dans cette affaire, la Régie des postes belges poursuivait un entrepreneur qui exploitait à Liège un service de courrier rapide en violation de son monopole. Le tribunal correctionnel de cette ville, devant lequel était poursuivi M. Corbeau, interrogea la CJCE sur la compatibilité du droit exclusif de la Régie avec les articles 90.1 et 86 :

> « L'article 90 du traité CEE s'oppose à ce qu'une réglementation d'un Etat membre qui confère à une entité telle que la Régie des postes le droit exclusif de collecter, de transporter et de distribuer le courrier interdise, sous peine de sanctions pénales, à un opérateur économique établi dans cet Etat d'offrir certains services spécifiques, dissociables du service d'intérêt général, qui répondent à des besoins particuliers des opérateurs économiques et qui exigent certaines prestations supplémentaires que le service postal traditionnel n'offre pas... ».

Cet attendu va au-delà de la jurisprudence précitée en ne faisant plus référence à un abus, actuel ou futur. La CJCE parvient à une telle solution en effectuant une distinction entre service de base et service à valeur ajoutée. Dans la mesure où ce dernier service apparaît distinct, ou détacha-

---

20. CJCE, *Port de Gênes*, 10 décembre 1991, aff. C-179/90 : *Rec.* I, p. 5009, point 17.
21. CJCE, *Consten/Grundig*, 23 juillet 1966, aff. 56-58/64 : *Rec.* p. 430.
22. CJCE, *Corbeau.*

ble, du service de base, la réglementation nationale édictant le monopole unique apparaît contraire au traité [23].

Ainsi, le postulat de la jurisprudence *Sacchi* selon lequel rien n'interdit aux Etats membres d'établir un monopole sur la base de l'intérêt général, apparaissait grandement fragilisé par cet attendu postulant l'abus dans la simple existence, et non plus dans l'exercice, d'un droit exclusif ou spécial d'origine étatique. Pour autant, cette audace judiciaire semble avoir été limitée par l'arrêt rendu dans l'affaire *Commune de la Crespelle.*

b) La remise en cause : l'affaire Commune de la Crespelle

Dans l'affaire *Commune de la Crespelle* [24], la CJCE était interrogée sur la compatibilité avec les articles 86 et 90 de la réglementation française conférant certains droits exclusifs locaux à des centres et coopératives d'insémination bovine. La CJCE, reprenant les attendus des arrêts *Sacchi, Höfner* et *Port de Gênes*, commence par rappeler que le simple fait de créer une position dominante par l'octroi d'un droit exclusif n'est pas en tant que tel incompatible avec les articles 90.1 et 86 :

> « Un Etat membre n'enfreint, en effet, les interdictions contenues dans ces deux dispositions que si l'entreprise en cause est amenée, par le simple exercice du droit exclusif qui lui a été conféré, à exploiter sa position dominante de façon abusive ».

Mais cette prémisse, connue, amène en l'espèce une solution différente de *Corbeau.* La CJCE exige que l'éventuel abus, qui consisterait en l'exigence de tarifs excessifs, soit la conséquence directe de la loi nationale en cause. Constatant que celle-ci *« se limite à permettre aux centres de mise en place d'exiger des éleveurs qui leur demandent des semences provenant de centres de production différents le paiement de frais supplémentaires résultant de ce choix »*, la CJCE conclut que cette disposition, *« si elle laisse à* [ces] *centres le soin d'établir ces frais, ne les* amène *pas à exiger des frais disproportionnés et à ainsi abuser de leur position dominante ».* Le juge communautaire estime donc que les articles 90.1 et 86 ne s'opposent pas à l'octroi par un Etat membre de droits exclusifs tels que ceux concernés dans une zone délimitée.

L'arrêt *Commune de la Crespelle* apparaît comme un véritable revirement de jurisprudence en abandonnant toute espèce de présomption : la CJCE

---

23. Sur la théorie de l'abus automatique, voir R. KOVAR, « La "peau de chagrin" ou comment le droit communautaire opère la réduction des monopoles publics » : *Europe*, juillet 1992, p. 1 ; J. B. BLAISE, « Chronique concurrence » : *RTD eur.*, 1995, 859, n° 170 et s.

24. CJCE, *Commune de la Crespelle*, 5 octobre 1994, aff. C-323/93 : *Rec.* I, p. 5077.

pose le principe selon lequel la pratique abusive doit être la conséquence directe de la loi. La CJCE procède ainsi à une nouvelle interprétation du terme *amener* ; mais le problème de la jurisprudence antérieure ne venait-il pas de l'utilisation du terme *amener* sans qualificatif, tel que nécessairement ou directement, ce qui revenait à prohiber toute réglementation qui *favorisait* la commission d'abus ? L'on remarquera que cette solution se rapproche de la jurisprudence française qui exige que, pour que s'applique l'exception de l'article 10.1 de l'ordonnance de 1986, les pratiques restrictives trouvent leur cause directe dans l'existence du texte législatif ou réglementaire invoqué [25].

Les excès de la doctrine de l'abus automatique semblent ainsi rejetés. Pour autant, la portée de l'arrêt doit être limitée à l'abus automatique : les prémisses de cette doctrine demeurent valables comme l'attestent les récents arrêts *Job Centre Coop* [26] et *Silvano Raso* [27] qui ont appliqué les jurisprudences *Höfner* et *ERT* et, ainsi, confirmé les théories du monopole défaillant et du conflit d'intérêts [28]. A ce jour, les débats portent à l'opposé sur la protection du service public avec la question de la mise en œuvre de l'« exception » de service public prévue à l'article 90.2 [29]. Mais une des plus intéressantes suites données à cette théorie réside dans sa reprise à contre-temps par les autorités nationales de concurrence.

c) L'application de l'article 90.1 par les juridictions françaises

On sait que le juge judiciaire demeure compétent, tout comme le juge administratif, pour appliquer le droit communautaire de la concurrence [30]. L'effet direct des dispositions des articles 85 et 86 demeure bien entendu entier dans le cadre de leur mise en œuvre conjointe avec l'article 90. Ainsi, les juridictions françaises ont-elles pu se prononcer à plusieurs reprises sur l'application de ces dispositions dans le cadre d'affaires nationales.

La Cour d'appel de Paris a, ainsi, fait pleinement droit à la jurisprudence de la CJCE en décidant, dans une affaire *CMS/France Télécom* [31], que les juridictions chargées d'appliquer les dispositions de droit communautaire ont l'obligation d'assurer le plein effet de ces normes en laissant au besoin inappliquée toute disposition contraire de la législation nationale, même postérieure, sans qu'elles aient à demander ou attendre l'élimination

---

25. Voir note 33 *supra*.
26. CJCE, *Job Centre Coop*, 11 décembre 1997, aff. C-55/96 : *Rec.* I, p. 7118.
27. CJCE, *Silvano Raso*, 12 février 1998, aff. C-163/96 : *Rec.* I, p. 533 ; voir P. ARHEL, « Droit de la concurrence et activités portuaires », LPA, 12 mars 1999, p. 5, nº 51.
28. *« Still good law »* dirait un juge anglais... Voir L. IDOT, *Europe*, avril 1998, nº 134.
29. Voir *supra*, p. 50.
30. Voir par exemple, CE, *Sté. Christ et Fils*, 12 juin 1996 : *Rec.* p. 223.
31. CA Paris, *CMS/France Télécom*.

préalable de celle-ci par voie législative ou autre. Interrogée sur la compatibilité avec le droit communautaire des dispositions réglementaires du Code des postes et télécommunications permettant à France Télécom de refuser de communiquer la « liste orange » des abonnés à un éditeur d'annuaire concurrent des pages jaunes, la Cour de Paris a décidé :

> « En ce qu'elles amènent France Télécom à exploiter de façon abusive sa position dominante... les dispositions des articles R. 10-1 du Code des postes et télécommunications et 7 de son cahier des charges sont, par l'effet des articles 86 et 90.1 du traité, de plein droit inapplicables en la cause et ne peuvent par conséquent justifier le refus de fournir à CMS l'intégralité des listes d'abonnés que lui-même publie ».

L'influence de la théorie de l'abus automatique a été telle que le Conseil d'Etat lui-même, juridiction traditionnellement peu encline à donner pleine application au droit communautaire, a fait droit à cette théorie dans son arrêt *FFSA* [32]. On se souvient que le Conseil avait interrogé la CJCE sur la qualification d'entreprises d'une caisse d'assurance vieillesse. Tirant les conséquences de cette qualification, le Conseil a appliqué les articles 86 et 90 à l'organisme de gestion et a constaté que le décret litigieux ayant conféré des droits exclusifs, la CNAVMA détenait une position dominante. Le Conseil a conclu, dans la droite ligne des arrêts *Corbeau* et *Port de Gênes*, que cette entreprise était nécessairement conduite, du fait de ses droits exclusifs, à abuser de sa position dominante. L'arrêt se fonde sur les deux avantages concurrentiels décisifs conférés à la caisse sous la forme du cumul d'une fonction de prestation et de réglementation (pouvoir de fixer la valeur du point de retraite), et de la déductibilité des cotisations du revenu imposable (ce dont ne bénéficiaient pas les autres organismes).

Si l'abandon des excès de la théorie de l'abus automatique sera sans doute suivi au niveau national, les prémisses de cette théorie demeurent entièrement valables comme l'illustre la récente affaire *Million et Marais* [33]. Dans cet arrêt marquant le revirement de la jurisprudence *Ville de Pamiers*, le Conseil d'Etat applique les articles 90 et 86 et la jurisprudence communautaire *ERT* :

---

32. CE, *FFSA*, 8 novembre 1996, note L. IDOT, *Europe*, décembre 1996, n° 468.
33. CE, *Million et Marais*. Le récent arrêt *UGAP/CAMIF*, CA Paris, 13 janvier 1998, *JCP*, éd. G, 1998, II, 10217, semble annoncer ce mouvement. Dans cette affaire, la Cour d'appel de Paris a refusé de mettre en œuvre la théorie de l'abus automatique aux statuts de l'UGAP et de contrôler la compatibilité de ceux-ci avec les articles 90-1, 85 et 86. Un commentateur avisé a souligné que la solution de l'espèce eût sans doute été différente si la Cour d'appel s'était autorisé à prendre en compte le revirement *Million et Marais* (S. GRANDVUILLEMIN, *JCP*, éd. E, 25 février 1999, p. 375). De fait, la nouvelle jurisprudence du Conseil d'État ne pourra qu'encourager le contrôle par les juridictions judiciaires des statuts des établissements publics.

> « A supposer que le contrat litigieux ait contribué, en raison du droit exclusif qu'il comporte, à assurer à la société Pompes funèbres générales une position dominante sur une partie substantielle du marché commun des prestations funéraires... ses clauses ne seraient incompatibles avec l'article 86 du traité que si l'entreprise était amenée par l'exercice du droit exclusif dans les conditions dans lesquelles il lui a été conféré, à exploiter sa position dominante de façon abusive ».

En l'espèce, le Conseil d'Etat a estimé que la durée d'exploitation de six ans, renouvelable une fois, ne constituait pas un abus de position dominante. L'intérêt de cet attendu est souligné par l'absence de nécessité à tenir ce raisonnement : il était, en effet, difficilement soutenable que la concession de services mortuaires de Fleury-les-Aubrais puisse constituer une partie substantielle du marché commun et avoir un quelconque impact sur les échanges intra-communautaires. L'attendu, qui reprend les termes mêmes de l'arrêt *ERT*, confirme ainsi la volonté du Conseil d'Etat de donner pleine application, le cas échéant et, notamment, par le contrôle de la durée des contrats, à l'article 90.1.

Le Conseil a d'ailleurs confirmé cette volonté quelques mois plus tard dans son arrêt *Union hospitalière privée* en décidant que la possibilité réglementaire d'autoriser les établissements publics à créer des structures accessibles aux praticiens exerçant à titre libéral ne contrevenait pas aux articles 86 et 90. Cet arrêt apparaît encore plus audacieux que le précédent en ce qu'il considère l'application des dispositions communautaires, non plus à un contrat entre une commune et une entreprise privée, mais à un décret.

2

La diversification des monopoles

La question de la diversification des établissements publics est apparue de manière récente. C'est, précisément, le mouvement de libéralisation et de mise en concurrence, précédemment étudié, qui, sous l'influence conjuguée du droit communautaire et des évolutions technologiques, a poussé les entreprises publiques à développer une politique de diversification, c'est-à-dire d'activités en dehors de leur mission traditionnelle.

En droit administratif, le respect du principe de spécialité signifie qu'un établissement public doit se limiter aux activités et à la mission qui lui ont été imparties en tant que service public. Le principe a pour conséquence que la personne morale n'a pas de compétence générale au-delà de la mission qui lui a été confiée. Ainsi, en principe, il n'appartient pas à l'établissement public d'entreprendre des activités extérieures à cette mission, ni même de s'immiscer dans de telles activités ; toutefois, en pratique, une certaine marge légale de diversification est admise. Ces principes ont été clairement posés par le Conseil d'Etat dans un avis relatif à la diversification d'EDF et de GDF [34].

Mais la question de la diversification doit être replacée dans le contexte plus général des problèmes de concurrence posés par la confrontation sur un même marché d'entreprises titulaires d'un monopole, ou d'autres droits d'origine étatique, avec des entreprises ne bénéficiant pas de telles dispositions. Il ne s'agit pas là, à proprement parler, de diversification

---

34. CE, Avis *Diversification d'EDF-GDF*, 7 juillet 1994, *RFDA*, 10 (6), novembre-décembre 1994, p. 1158 ; voir aussi TA Paris, *Sinter*, 25 mai 1994, *CJEG*, avril 1995, p. 157. Pour un commentaire, voir S. RODRIGUES, « Actualité du principe de spécialité des entreprises publiques, A propos de la diversification d'Electricité de France-Gaz de France » : *RFDA*, 10 (6), novembre-décembre 1994, p. 1146 ; H. COURIVAUD, « La diversification des activités d'EDF et GDF » : *JCP*, éd. E, 1997, n° 11, 636 ; v. aussi p. 95.

au sens du droit administratif. Cette question soulève, toutefois, les mêmes réflexions en termes de concurrence comme en attestent les avis du Conseil de la concurrence reprenant et développant l'analyse posée au sujet de la diversification d'EDF et de GDF par le Conseil d'État [35]. Il en va ainsi de la concurrence entre les banques et les activités financières de La Poste, activités remontant au XIXe siècle, confirmées par la loi du 2 juillet 1990 relative à l'organisation du service public de la poste et des télécommunications ; entre les entreprises de messagerie et l'activité de transport de colis par la SNCF avec le Sernam, permise par la loi d'orientation des transports intérieurs du 30 décembre 1982 et le cahier des charges de la SNCF ; ou encore, entre les nouveaux opérateurs de télécommunications et l'activité téléphonie mobile de France Télécom. Le terme diversification est donc ici, et dans ce contexte précis, utilisé à la fois pour désigner la diversification au sens premier du droit administratif, et la confrontation des monopoles ou anciens monopoles avec les entreprises du secteur privé ne bénéficiant d'aucuns droits exclusifs ou spéciaux au sens du droit de la concurrence. Les développements qui suivent concernent donc également les activités dites concurrencées.

La question, présentée sous l'angle national, a une importante dimension communautaire. Si, à l'évidence, le droit communautaire ignore les débats français sur l'élargissement du principe de spécialité des établissements publics, l'on retrouve les solutions ou recommandations mises en œuvre dans les différentes politiques de libéralisation sectorielles. C'est ainsi que les directives de libéralisation des secteurs du transport ferroviaire, de production et distribution d'énergie, ou du secteur des télécommunications ou encore des services postaux, posent les mêmes principes que les avis du Conseil de la concurrence.

Il convient au préalable de préciser les risques spécifiques que fait peser la diversification sur le jeu de la concurrence *(2.1)*. Quel que soit le cas de figure, les autorités de concurrence françaises et communautaires recommandent, voire le cas échéant, imposent, afin de prévenir ces distorsions au jeu normal de la concurrence, une triple séparation, juridique, matérielle et comptable *(2.2)*.

2.1. Les risques de distorsions de concurrence résultant de la diversification

La mise en œuvre du contrôle de concurrence a pour point de départ la constatation de distorsions de concurrence suscitées par l'entrée sur le

35. Cons. conc., Avis *EDF/GDF*, 10 mai 1994 : *Recueil Lamy*, n° 588.

marché d'acteurs n'exerçant pas dans les mêmes conditions que les opérateurs concurrentiels. La disposition essentielle susceptible de trouver application en l'espèce réside dans la prohibition des abus de position dominante que permet l'existence de monopoles ou droits exclusifs ou spéciaux. Encore faut-il, avant de qualifier l'abus, établir cette position dominante, et donc, préalablement définir le marché de référence *(2.1.1)*. Les abus liés au développement des activités concurrencées peuvent prendre diverses formes telles que la discrimination dans les conditions de vente ou le refus de vente *(2.1.2)*, la pratique de prix prédateurs *(2.1.3)*, mais c'est surtout l'existence de subventions croisées qui apparaît spécifique à la problématique de la diversification *(2.1.4)*.

2.1.1. Abus de position dominante sur un marché annexe

Toute mise en œuvre de la prohibition d'un abus de position dominante requiert la délimitation d'un marché sur lequel peut, ensuite, être étudiée la position concurrentielle de l'entreprise mise en cause. Dans le cas de la diversification d'entreprises publiques, leur monopole ou droits préférentiels leur confèrent naturellement une position dominante sur leur marché principal. La difficulté réside dans ce que la diversification implique, par définition, que l'entreprise publique agisse hors de ce marché.

Mais la jurisprudence, tant communautaire [36] que française, admet qu'une entreprise dominante sur un marché donné puisse abuser de sa position sur un marché connexe sans être en position dominante sur ce second marché. Ainsi, le Conseil de la concurrence a considéré dans sa décision *Nouvelles messageries de la presse parisienne* [37] que les NMPP disposaient d'une position dominante sur le marché de la diffusion de la presse et avaient abusé de cette position dominante sur le marché du mobilier pour diffuseurs de presse sur lequel elles n'étaient pas dominantes.

Dès lors que la possibilité d'abus sur un marché distinct de celui où est détenue la position dominante est admise, le contrôle de concurrence peut porter sur une entreprise détenant un monopole légal ou d'autres droits d'origine étatique, et agissant sur un marché voisin mais distinct en concurrence avec des entreprises ne bénéficiant pas de tels droits. C'est ainsi toute la jurisprudence communautaire et nationale relative aux

---

36. Voir par exemple, CJCE, *GB-Inno*, 13 décembre 1991, aff. C-18/88 : *Rec.* I, p. 5973 ; TPICE, *Tetra Pack III*, 6 octobre 1994, aff. T-83/91 : *Rec.* II, p. 1477.
37. Cons. conc., *Nouvelles Messageries de la Presse Parisienne*, 28 avril 1998 : *BOCCRF*, 29 janvier 1988, p. 24.

abus de positions dominantes qui peut être transposée à ce domaine sans plus de spécificité que celle de l'« exception » de service public [38].

2.1.2. Conditions de vente discriminatoires et refus de vente

Conditions de vente discriminatoires et refus de vente constituent deux formes possibles d'abus de position dominante. La discrimination, également condamnée au titre de l'article 36.1 de l'ordonnance de 1986 [39], peut concerner tant les prix que les conditions de vente, voire la vente elle-même sous la forme de refus de vente. La prohibition des discriminations s'adresse tant aux clients finaux qu'aux intermédiaires de l'établissement public, à l'instar de la répression du refus de vente.

Bien que la prohibition du refus de vente entre professionnels ait été supprimée depuis la réforme du 1er juillet 1996, tout refus de vente demeure condamnable par le biais d'autres dispositions, pour autant que les conditions propres à ces dispositions soient réunies [40]. Un refus de vente pourrait ainsi, dans certaines circonstances, être qualifié soit de pratique discriminatoire au titre de l'article 36.1 précité, soit d'entente anti-concurrentielle au titre de l'article 7, soit encore d'abus de position dominante au titre de l'article 8.1, voire d'abus de dépendance économique au titre de l'article 8.2. Le Conseil de la concurrence a ainsi estimé dans son avis *EDF* qu'*« un refus de vente sur les marchés diversifiés de la part d'EDF... pourrait être directement visé par les dispositions de l'article 8.2 de l'ordonnance »* [41].

2.1.3. Prix prédateurs

Dès lors qu'un opérateur dispose d'une position dominante sur un marché, il peut être tenté d'utiliser la force que lui confère cette position pour mettre en œuvre des pratiques de prix de prédation destinées à éliminer ses concurrents sur ce marché, voire sur un marché annexe. Est ainsi prohibée la pratique consistant pour un tel opérateur à vendre à un prix

---

38. Voir *supra*, p. 50.
39. Article 36.1 de l'ordonnance de 1986 : *« [Il est interdit de] pratiquer à l'égard d'un partenaire économique, ou d'obtenir de lui des prix, des délais de paiement, des conditions de vente ou des modalités de vente ou d'achat discriminatoire et non justifiées par des contreparties réelles en créant, de ce fait, pour ce partenaire, un désavantage ou un avantage dans la concurrence »*.
40. Voir par exemple D. FERRIER, « Conditions générales de vente et discrimination » : *Petites affiches*, 5 janvier 1998, n° 2, p. 7.
41. Cons. conc., Avis *EDF/GDF*, point 20.

inférieur à ses coûts moyens variables, accumulant ainsi délibérément des pertes qu'il pourrait éviter dans le but d'éliminer à terme ce concurrent.

En droit communautaire, la Commission et la CJCE ont notamment mis en œuvre cette notion de prix prédateurs dans l'affaire *Akzo* [42]. Les autorités communautaires de concurrence ont estimé que la pratique d'un prix inférieur au coût total (c'est-à-dire le total des coûts fixes et des coûts variables) constituait un élément essentiel de la constitution de l'infraction de prix prédateurs. Mais celle-ci doit être établie au regard d'un contexte attestant de l'existence d'une véritable stratégie d'élimination d'un ou des concurrent(s) poursuivie par l'entreprise en position dominante, et prenant en compte les effets potentiels de cette pratique, et les possibilités de réaction des concurrents. Les commentateurs ont souligné les difficultés pratiques d'application de cette solution, ou critiqué certains de ses fondements, et la notion de prix prédateurs continue à faire l'objet d'intenses débats [43]. En pratique, les opérateurs et leurs conseils s'accordent à reconnaître la difficulté de parvenir à établir la preuve de prix prédateurs au regard de l'impossibilité à définir en interne de manière précise les coûts réels de toute entreprise.

La notion et la prohibition des prix prédateurs sont également reconnues en droit interne. Mais son application aux activités de diversification relève de spécificités conduisant à écarter la simple transposition de la jurisprudence communautaire. Le Conseil de la concurrence a clairement posé ces spécificités dans son avis *Activités financières de La Poste* [44]. Le Conseil a en effet estimé que les prémisses sur lesquelles repose l'arrêt *Akzo* peuvent n'être qu'imparfaitement satisfaites dans les cas où se trouvent confrontés sur un même marché des opérateurs privés et un opérateur public disposant par ailleurs d'une position de monopole associée à l'exercice d'une mission de service public. Dans un tel cas, en effet, d'une part, l'opérateur public n'est généralement pas soumis aux mêmes contraintes de rentabilité que les opérateurs privés sur la partie de son activité qui relève de sa mission de service public, de même que le cas échéant, sur la partie de son activité ouverte à la concurrence.

---

42. CJCE, *Akzo*, 3 juillet 1991, aff. C-62/86 : *Rec.* I, p. 3359. La CJCE a confirmé la décision de la Commission, tout en se montrant plus précise sur l'analyse des coûts et prix de revient. Elle a ainsi posé une présomption simple de prédation dès qu'existent des prix inférieurs au coût moyen variable. Il y a donc prédation si : *(i)* les prix pratiqués sont supérieurs au coût moyen variable mais inférieurs aux coûts moyens totaux, et ; *(ii)* si peut être établie l'existence d'un plan d'élimination du ou des concurrents. La CJCE a repris ses conclusions dans l'affaire *Tetra Pack II*, mais en se basant plus sur des faits qui établissaient sans conteste l'existence d'une stratégie délibérée d'élimination de toute concurrence qualifiée de « stratégie d'éviction ».
43. Voir E. P. Mastromanolis, « Predatory pricing strategies in the European Union : A case for legal reform » : *ECLR*, 1998-4, p. 211 ; voir aussi R. Whish, *op. cit.*, p. 531.
44. Cons. conc., Avis *Activités financières de La Poste : BOCCRF*, 3 septembre 1996, p. 344.

D'autre part, cet opérateur peut être soumis à des contraintes de coûts de nature différente de celles auxquelles sont confrontés les opérateurs privés (statut du personnel, conditions de financement...). Ainsi, le simple fait d'enregistrer des pertes (par rapport au coût moyen) sur des activités concurrentielles, fussent-elles importantes, peut s'expliquer autrement que par un objet anti-concurrentiel.

En pratique, l'établissement de prix prédateurs par le monopoleur public sur ses marchés concurrencés suppose que soient connus les éléments de comptabilité analytique concernant tant l'activité de ses concurrents que la sienne sur les marchés considérés. A supposer même que ces éléments soient connus, l'administration de la preuve demeurera difficile en ce qu'il n'existe pas de méthode objective et non contestable de ventilation des coûts fixes et communs à plusieurs activités. L'administration de la preuve se heurte à un double obstacle : celui de la qualité et de la transparence de la comptabilité analytique de l'opérateur dominant (permettant de s'assurer que celui-ci n'utilise pas des ressources pour l'exercice de cette activité non imputée), et celui de la comparaison entre les éléments de comptabilité analytique de ses concurrents (permettant de s'assurer que ses concurrents perdent effectivement de l'argent sur l'activité concernée).

A noter que des dispositions sectorielles peuvent, le cas échéant, imposer l'adoption d'une telle comptabilité analytique [45].

2.1.4. Subventions croisées

Les subventions croisées consistent dans l'utilisation de ressources tirées des activités hors concurrence pour développer des activités concurrencées. Le risque que représentent ces flux financiers apparaît d'autant plus fort que le principe en est déjà présent, dans le cas de l'exercice d'une mission de service public, dans la péréquation tarifaire inhérente aux obligations de service public [46]. De telles pratiques peuvent être analysées tant au regard des articles 7 de l'ordonnance et 86 UE, que de l'article 92 UE [47]. Un double reproche est exprimé à leur égard :

— vis-à-vis des consommateurs, ces subventions croisées contribuent à masquer la réalité financière des opérations de diversification et à leur en faire supporter le coût ;

---

45. Il en est ainsi dans le secteur postal de l'article 14 de la Directive n° 97/67/CE du 21 décembre 1997, *JOCE,* L 15, 21 janvier 1998, p. 14.
46. Cons. conc., Avis *EDF/GDF*, point 17.
47. L. Hangher, J.-L. Buendia Sierra, *Cross-subsidization and EC Law, CML Rev.* 1998, p. 901.

— vis-à-vis des concurrents, elles contribuent à fausser le jeu du marché en allégeant artificiellement les coûts puis les prix.

Le Conseil de la concurrence a notamment illustré ce risque dans son *Activité téléphonie mobile de France Télécom* [48]. A l'époque de la saisine, l'activité de téléphonie fixe était encore exercée en monopole, alors que l'activité de téléphonie mobile faisait déjà l'objet d'une pleine concurrence. Soulignant la situation particulière de France Télécom, opérateur historique bénéficiant des infrastructures de télécommunication servant aux deux activités, le Conseil a indiqué que l'établissement public était, à ce titre, créancier de redevances d'interconnexion pouvant représenter jusqu'à 30 % du budget des opérateurs de mobiles et a, dès lors, conclu qu'*« il ne peut être exclu que les charges d'exploitation imputables aux services mobiles soient partiellement supportées par d'autres activités et donnent lieu à des subventions croisées »*.

Le risque de subventions croisées a également été soulevé dans le secteur postal. Dans l'ordre communautaire, la Communication sur l'application des règles de concurrence au secteur postal et sur l'évaluation de certaines mesures d'État relatives aux services postaux [49] souligne le risque que les opérateurs publics postaux utilisent les recettes des activités dites réservées (services de courrier de base) pour subventionner directement ou indirectement les activités non réservées (services express, activités financières...). De même, en droit interne, le Conseil dans son Avis relatif aux activités bancaires de La Poste, a-t-il indiqué que l'établissement public ne saurait être autorisé *« à utiliser les recettes tirées d'activités protégées par des droits exclusifs pour subventionner [ses prix] au détriment de [ses] concurrents dans d'autres secteurs (activités bancaires par exemple) »*.

La brève description de ces formes d'abus souligne les risques d'effet anti-concurrentiel de la diversification. Il revient aux législateurs français et communautaire de prévenir ces restrictions de concurrence en édictant les principes aptes à instaurer une concurrence saine et loyale.

Rapprochement entre entreprises privées et monopole public. — Toute entreprise publique souhaitant coopérer avec des entreprises privées par le biais d'une association, coopérative, société en participation ou d'un groupement d'intérêt économique... devra attentivement procéder à la rédaction des statuts. En effet, toute association entre entreprises opérant sur le même marché constitue un accord susceptible de relever des dispositions contrôlant les ententes entre concurrents

48. Cons. conc., Avis *Activité téléphonie mobile de France Télécom*, 27 mai 1997 : *BOCCRF*, 28 février 1998, p. 81.
49. CE, Communication sur l'application des règles de concurrence au secteur postal et sur l'évaluation de certaines mesures d'État relatives aux services postaux, *JOCE* C 39, 6 février 1998, p. 2.

(article 7 de l'ordonnance n°1243 du 1er décembre 1986 et article 85 du traité de Rome). La forme de ce rapprochement importe peu. En revanche, la simple constitution d'un groupement fermé, auquel certains opérateurs ne pourraient avoir accès, est susceptible de constituer en soi un objet anti-concurrentiel. L'exigence d'un groupement ouvert est renforcée dans le cas de la participation d'une entreprise publique en situation de monopole ou de position dominante.

Toute participation d'une entreprise publique en position de monopole ou simplement dominante pose la question d'éventuelles distorsions de concurrence que peut susciter ce regroupement. La question ne se pose bien entendu pas si ce groupement est effectivement ouvert à toute entreprise ; en pratique, les critères d'adhésion posés, même conçus comme objectifs et non discriminants, peuvent avoir pour effet d'exclure certaines entreprises.

Le Conseil de la concurrence a posé, dans son avis du 10 mai 1994 relatif à EDF-GDF, le principe selon lequel un monopole public devait exercer ses activités sans fausser la concurrence au détriment des entreprises privées. Cette règle, établie dans le cadre de la diversification de ces établissements publics, demeure applicable en dehors même de toute diversification, dans la mesure où elle constitue l'application des principes généraux posés par les textes sur la concurrence.

Des distorsions de concurrence pourraient naître de l'importance de la contribution financière de l'entreprise publique, mais également de l'utilisation des signes distinctifs du service public conjointement avec les noms ou marques des entreprises privées dans le cadre du groupement.

2.2. Le principe de séparation des activités de diversification

Le principe essentiel présidant à la légalité des activités de diversification réside dans la nécessité d'une homogénéité des conditions de concurrence : *« ...les filiales [des établissements publics] doivent exercer leur activité dans des conditions comparables à celles des entreprises privées du même secteur »* [50]. En d'autres termes, les activités de diversification ne doivent pas bénéficier des conditions propres à l'exercice de la mission de service public dont peut être titulaire une entreprise. A cet effet, le Conseil de la concurrence recommande une triple séparation juridique *(2.3.1)*, matérielle *(2.3.2)* et comptable *(2.3.3)*.

Ces recommandations ont été émises par le Conseil dans le cadre de sa fonction consultative. Les mesures indiquées constituent donc de simples recommandations destinées à mettre en place les conditions d'un contrôle effectif de concurrence. Pour autant, les principes dégagés, inspirés des

50. Cons. conc., *Avis EDF/GDF*, point 24.

directives communautaires, dessinent les solutions appelées à être prises dans les contentieux à venir.

2.2.1. Séparation juridique

Toutes activités de diversification devraient faire l'objet de filialisation et être regroupées dans un holding unique. Les filiales devraient être des personnes morales distinctes, exerçant leurs activités de la manière la plus indépendante possible de l'établissement public.

A cet égard, le Conseil de la concurrence s'est, notamment, prononcé dans son avis *Activité téléphonie mobile de France Télécom* sur l'absence de séparation, au sein de France Télécom, entre les activités concurrentielles de télécommunications mobiles et celles relevant du monopole. L'Association française des opérateurs privés de télécommunications estimait que la coexistence, au sein d'une même entité, d'une mission de service public et d'une activité concurrentielle rendait possibles des distorsions de concurrence sous la forme de financement d'investissements concurrentiels par des prêts à des taux avantageux par rapport à ceux du marché financier, de l'utilisation de l'image de service public susceptible d'entretenir une certaine confusion, et des risques de subventions croisées (du service téléphonique de base vers la radiotéléphonie mobile).

Le Conseil avait déjà indiqué dans l'avis *EDF/GDF* que, pour garantir l'existence d'une concurrence effective, il pouvait être souhaitable de procéder à une séparation juridique des entités assurant des activités différentes. Or, il n'existe pas, en l'état actuel de la législation, de telle obligation de séparation juridique, comme le relevait justement l'ART. Mais c'est précisément à cet égard que la contribution du Conseil est la plus significative :

> « L'objectif recherché doit consister à mettre la division France Télécom Mobile dans une situation qui ne soit pas discriminatoire par rapport à celle de ses concurrents. La séparation juridique des activités est la solution qui a été retenue et déjà mise en œuvre par un grand nombre d'opérateurs européens. Cela impose que l'intervention de la société mère s'effectue dans les conditions requises par le droit des sociétés. Au cas où une telle filialisation serait envisagée, il conviendrait d'abord d'élaborer un bilan d'ouverture qui soit le reflet à la fois de l'activité et de la situation patrimoniale de ces filiales... tout en prenant en compte les particularités de leur gestion, notamment en matière de personnel... » [51].

---

51. Voir aussi l'article L. 33-1-II, al. 2, du Code des postes et télécommunications, imposant une individualisation sur le plan juridique des opérateurs disposant, dans un secteur d'activité autre que les télécommunications, d'un monopole ou d'une position dominante.

Indiquant toutes les modalités propres à mettre en œuvre la séparation juridique au sein de l'établissement public, le Conseil encourage les autorités ministérielles compétentes à filialiser dès que possible la division France Télécom Mobiles. De même, dans l'avis *Activités financières de La Poste* [52], le Conseil a recommandé le regroupement dans une filiale de l'intégralité des activités financières de La Poste, soulignant les potentialités offertes à cet égard par la loi de 1990 sur l'organisation des services postaux. L'avis *SNCF/Sernam* [53], constatant que le Sernam, simple service de la SNCF, n'était pas doté d'une personnalité juridique distincte de l'établissement, a également souligné l'opportunité d'une séparation par filialisation.

La politique du Conseil de la concurrence est ainsi, dans sa fonction consultative, d'encourager les autorités de tutelle à procéder à la séparation des activités exercées sous monopole des activités concurrencées. A défaut de procéder à de tels aménagements, le Conseil souligne que le contrôle du respect des règles de concurrence ne peut être véritablement effectif. On observera que l'appel aux réformes par l'autorité nationale de concurrence rejoint très précisément les principes posés par les directives communautaires de libéralisation, que ce soit dans les secteurs des télécommunications, des services postaux ou de l'énergie.

2.2.2. Séparation matérielle et humaine

Afin d'agir sur le marché en situation d'égalité avec les autres opérateurs, il est également nécessaire que les filiales des établissements publics ne puissent pas disposer des moyens matériels et humains du service public. La séparation matérielle prônée par le Conseil comporte, à cet égard, une double recommandation : les filiales de diversification devraient notamment disposer de leurs propres immobilisations et de leur propre personnel. Le Conseil a ainsi considéré que *« la séparation totale des activités de diversification suppose également que les filiales aient leur personnel propre, de préférence recruté à l'extérieur d'EDF ou sinon détaché (i.e. rémunéré par la filiale). Toute mise à disposition (i.e. gratuite) devant être exclue »* [54]. Ces agents détachés ne pourraient *a priori* plus effectuer d'autres tâches que celles correspondant à la spécialisation de la filiale. La filialisation entraînerait donc la fin de la polyvalence des agents [55].

---

52. Cons. conc., Avis *Activités financières de La Poste*, p. 455.
53. Cons. conc., Avis *SNCF/Sernam*, 17 octobre 1995 : *Recueil Lamy*, n° 686.
54. Cons. conc., Avis *EDF/GDF*, point 30.
55. Voir Cons. conc., Avis *Activités financières de la Poste*, p. 455.

Une autre possibilité a été admise par le juge communautaire dans l'affaire *Sytraval* [56]. La mise à disposition d'une partie du personnel de l'établissement public à sa filiale concurrentielle devrait être rémunérée au coût du marché et en tenant compte des avantages offerts par le statut de ce personnel détaché (flexibilité due à l'absence de préavis et d'indemnité en cas de retour dans la société mère). Un des problèmes les plus épineux posés par cette exigence réside, à terme, dans la partition du personnel des établissements publics et du statut des fonctionnaires.

La filialisation et la séparation des moyens ne représentent que les deux premières mesures destinées à contrôler le respect des dispositions de concurrence ; elles ne sauraient suffire sans séparation comptable et transparence financière adéquates.

2.2.3. Séparation comptable

a) Séparation comptable et transparence financière

Le but de la séparation comptable est d'apprécier les avantages d'une filiale de diversification induits par son appartenance au secteur public ou par le bénéfice de droits étatiques. Cette analyse doit notamment permettre d'identifier l'existence de subventions croisées : ainsi, dès lors que des facilités de financement ne font pas l'objet de contreparties financières reflétant la réalité des coûts, elles peuvent être interprétées comme des subventions de l'établissement public vers les activités en dehors du métier de base [57]. Cette situation a poussé le Conseil à recommander l'instauration d'une transparence comptable et financière. Cette recommandation, formulée pour la première fois en 1994 à propos d'EDF et de GDF, s'est progressivement élargie à un principe général de transparence financière et de réalité des coûts des activités de diversification.

L'absence d'une telle transparence est fortement susceptible d'avoir des conséquences anti-concurrentielles en permettant de mener des politiques commerciales très éloignées des critères de retour sur investissements, même à long terme, du secteur concurrentiel. Ainsi, dans le cas du Sernam, la comptabilité autonome de ce service de la SNCF était, à l'époque de la saisine du Conseil, sinon inexistante, du moins incomplète malgré sa complexité, puisque la gestion des immobilisations utilisées et les opérations de trésorerie restaient effectuées par la SNCF et ne figuraient pas dans cette comptabilité. Le résultat d'exploitation du Sernam était réguliè-

---

56. TPICE, aff. T-95/94, *Sytraval,* 28 septembre 1995, *Rec.* II, p. 2651, confirmé par CJCE, C-367/95 P, *Sytraval,* 2 avril 1998, *Rec.* I, p. 1719.
57. Cons. conc., Avis *EDF/GDF*, point 17.

rement négatif (197 MF en 1994). Mais, en raison de l'imbrication des comptes du Sernam dans ceux de la SNCF, son déficit d'exploitation était confondu avec celui de l'établissement, ce qui avait permis au Sernam de poursuivre sans plus de difficulté d'amples investissements sur plusieurs années (600 MF de 1992 à 1995). Ainsi, le Conseil a, dans son avis *SNCF/Sernam,* recommandé l'instauration d'une transparence comptable permettant une imputation exacte des ressources et des charges :

> « Une imputation exacte des ressources et des charges devrait permettre de mener une analyse des coûts et d'élaborer une comptabilité analytique de telle sorte que puissent être appréciés les éventuels avantages induits par l'appartenance du Sernam à la SNCF... Dans l'hypothèse d'une persistance des déficits d'exploitation, l'intervention de la société mère doit s'effectuer dans les conditions requises par le droit des sociétés » [58].

Mais l'existence d'une comptabilité analytique ne saurait suffire en elle-même. Tel est, selon le Conseil de la concurrence dans l'avis *Activités financières de La Poste*, le cas de l'établissement postal. La loi du 2 juillet 1990 relative à l'organisation du service public de la poste et des télécommunications a conféré à La Poste une autonomie financière et de gestion. La Poste, responsable de l'équilibre général de ses comptes, doit tenir, au terme de l'article 29 de son cahier des charges, une comptabilité analytique ayant notamment pour objet de mesurer la contribution au résultat de l'exploitation de ses activités financières. Mais l'autorité de concurrence a estimé que cette comptabilité analytique ne permettait pas de déterminer en toute rigueur si l'ensemble des prestations rendues aux clients par les services financiers était ou non vendu au-dessus du coût variable. Le Conseil a donc conclu que l'exercice du contrôle du respect des règles de concurrence présupposait une analyse de coûts à usage externe que devrait effectuer La Poste selon des normes à déterminer par l'autorité de tutelle dans un cahier des charges.

Cette exigence de séparation comptable existe de la même manière en droit communautaire. Ainsi, dans le secteur ferroviaire, la Directive 91/441 relative au développement des chemins de fer communautaires, a rendu obligatoire cette séparation comptable dès 1991 [59]. En matière de libéralisation des télécommunications, la Directive relative à l'interconnexion [60]

58. Cons. conc., Avis *SNCF/Sernam*, points 23-24-28.
59. Directive n° 91/441/CE relative au développement des chemins de fer communautaires : *JOCE*, L 237, 24 août 1991.
60. Directive n° 97/33/CE relative à l'interconnexion, article 8 : *JOCE*, L 199/32, 26 juillet 1997. Mais avant même que cette directive soit adoptée, cette obligation avait été consacrée en France par l'article L. 33-1-II, al. 1, du Code des postes et télécommunications, illustrant ainsi l'urgence de la question. Dans l'avis *France Télécom*, le Conseil a souligné que cette séparation n'était cependant pas encore effective et que le ministre de tutelle lui-même avait ordonné l'amélioration de l'individualisation comptable des activités en concurrence. Le Conseil a pris note de l'engagement de l'Autorité de régulation des télécommunications d'une surveillance « particulièrement attentive » des éléments de la comptabilité analytique de France Télécom.

prévoit la séparation comptable des activités en concurrence. De même, la Directive Services postaux [61] oblige désormais les prestataires du service universel à tenir dans leur comptabilité interne des comptes séparés (bilan et compte de résultat) pour chaque service relevant du secteur réservé et pour les services non réservés, à faire contrôler leurs comptes par un auditeur indépendant et à les publier.

Les recommandations françaises relatives à la diversification des établissements publics trouvent donc un corollaire dans les dispositions communautaires relatives à la libéralisation des monopoles publics. Ainsi les principes à mettre en œuvre dans des domaines où les solutions légales, réglementaires ou jurisprudentielles font encore défaut en raison du caractère novateur des questions soulevées par le mouvement de diversification peuvent s'inspirer de ces directives.

Ce principe de séparation comptable et de transparence financière ou de vérité des coûts, a une triple portée pratique au regard des modalités de financement des filiales de diversification *(b)*, de leurs prix de cession interne *(c)*, voire externe *(d)*, et des coûts internes *(e)*.

b) Modalités de financement

La portée de la séparation comptable contraint à considérer qu'une filiale doit être organisée comme une entité comptable et économique à part entière. Les personnes publiques, ou bénéficiant de monopoles ou autres droits étatiques, doivent tirer les conséquences de la séparation comptable au regard des modalités de financement des déficits ou des investissements de leurs activités de diversification. Cela signifie une importante restriction dans la liberté de financement de ces activités.

Ainsi, l'absence d'imputation de coûts fixes supportés par la maison mère d'un établissement public en tant que prestataire de sa filiale tombera dans le champ d'application des règles de concurrence. En effet, cette pratique comptable reviendrait à intégrer dans le résultat de l'établissement un éventuel déficit d'exploitation que devrait normalement supporter la filiale de diversification. Ce reproche a été, par exemple, articulé par le Conseil de la concurrence à propos du déficit d'exploitation du Sernam et des investissements de la SNCF dans sa filiale [62].

---

61. Directive 97/67/CE Services postaux, article 14 : *JOCE*, L 15, 21 janvier 1998, p. 14.
62. Cons. conc., Avis *SNCF/Sernam*, point 23. Bien que la SNCF ait facturé plus de 320 MF en 1994 à la Sernam au titre de l'acheminement par fer des envois Sernam, mais également au titre de charges locatives des immeubles mis à disposition, surveillance des installations, amortissements de matériel de halle et informatique... Cette imputation de frais fixes ne se faisait pas sur la base de la facturation des prestations de services.

c) Prix de cession interne (prix de transfert)

Toutes prestations internes entre mère et fille, ou entre activités sous monopole et activités concurrencées, devraient être tarifées à un prix reflétant la réalité des coûts. Le Conseil a notamment examiné les prix de cession interne à l'occasion de facturations de prestations par un établissement public à sa filiale concurrentielle (cas des filiales de diversification d'EDF et GDF), ou au service *ad hoc* de l'établissement exerçant une activité concurrentielle (cas de la Sernam). (De même, les opérations de trésorerie devront indiquer un taux normal d'intérêt).

d) Prix de cession externe (prix prédateurs)

Prenant place sur le marché concurrentiel, les activités de diversification devraient disposer d'une entière liberté de fixation des tarifs. Cependant, les prix pratiqués ne peuvent que refléter l'ensemble des avantages résultant de l'appartenance au secteur public ou le bénéfice de droits étatiques. Les prix sont l'expression des distorsions prohibées et peuvent, à ce titre, faire l'objet d'un contrôle de concurrence.

Il existe, cependant, peu de jurisprudence ou de décisions sur la détermination des prix de commercialisation des biens ou services résultant de la diversification. Le principal risque de distorsion en matière de prix réside dans la pratique de prix prédateurs. En effet, compte tenu de leur puissance financière, notamment au regard de leur capacité d'auto-financement, les monopoles étatiques sont en état de supporter des pertes élevées dans leurs activités de diversification pendant un terme suffisamment long et, par conséquent, de proposer des prestations à des prix anormalement bas ne permettant pas à la concurrence de s'aligner durablement [63].

Une analyse approfondie concernant les prix prédateurs a été faite dans l'avis relatif aux *Activités financières de La Poste*. Comme indiqué plus haut, le Conseil de la concurrence a admis que l'existence de pratiques prédatrices ne pouvait être déduite de la seule considération de la structure de coûts et de la stratégie de prix d'un monopole étatique. En effet, l'exercice d'une mission de service public par un opérateur entraîne des coûts plus élevés que ceux de ses concurrents pour la partie de son activité ouverte à la concurrence. En d'autres termes, l'existence de pertes, fussent-elles importantes, est insuffisante pour établir que la stratégie de prix du monopole dans l'activité concurrencée est de nature à éliminer du marché un concurrent aussi efficace, dès lors que les coûts des ressources employées sont, pour des raisons liées à l'exercice d'une mission de service public, nettement plus défavorables que ceux de ses concurrents.

---

63. Voir Cons. conc., Avis *EDF/GDF*, point 20.

Il en irait autrement, précise le Conseil, si les coûts de ces ressources étaient, pour les mêmes raisons, nettement plus favorables que ceux des concurrents.

La complexité de l'argumentation développée dans la suite de cet avis est telle que le Conseil conclut au caractère impraticable (on a envie de dire impossible) de la démonstration de l'abus dans la tarification des activités concurrencées. L'intérêt de cette affaire est grand puisqu'en se distinguant de la jurisprudence communautaire élaborée au regard de stratégies d'entreprises privées, elle pose les bases théoriques et précise la spécificité de l'application de la prohibition de prix prédateurs en présence d'une mission de service public.

e) Coûts internes

Face aux difficultés rencontrées pour sanctionner d'éventuelles pratiques de prix prédateurs, les autorités de concurrence peuvent être tentées de contourner le problème et de contrôler la juste imputation des ressources utilisées dans les comptes des activités de diversification.

Ainsi, dans l'affaire *Groupement des Editions et de la Presse nautiques* (*GEPN*) [64], le Service hydrographique et océanique de la Marine (SHOM) avait, parallèlement à son activité principale de cession d'informations nautiques à destination d'éditeurs d'ouvrages marins, commencé à développer une activité de publication concurrentielle de ces ouvrages. Le Conseil a estimé que le SHOM entraverait le jeu de la concurrence s'il imputait dans le prix de revient de ses publications *« un coût inférieur à la redevance perçue auprès des opérateurs privés avec lesquels [le SHOM] est en concurrence »*. Le principe ainsi posé va au-delà de l'interdiction de toute perte puisque, quand bien même le prix de revient pour un type de produit serait moindre que les sommes perçues de concurrents pour la commercialisation des données servant à fabriquer des produits concurrents, l'entreprise devrait situer ses propres prix de revient au niveau du produit de cette commercialisation. En d'autres termes, l'imputation des charges internes d'activités de diversification devrait être déterminée non en fonction de leurs coûts, mais en fonction de leur prix de facturation à des concurrents.

L'objet de ce précepte est de rapprocher, sinon d'égaliser, les coûts de revient des secteurs protégés et concurrencés. C'est poser ainsi une exigence particulièrement contraignante de vérité des coûts. Il convient néanmoins de relativiser la portée de cette solution au regard du contexte particulier de l'affaire et de la matière en cause. Pour autant, cette solution

64. Cons. conc., Avis *Groupement des Editions et de la Presse nautiques (GEPN)*, 25 février 1997 : *BOCCRF*, 18 novembre 1997, p. 759.

apparaît transposable, *mutatis mutandis,* dans d'autres secteurs où l'accès à un service ou à des infrastructures appartenant au secteur public ou utilisée par toute personne bénéficiant de droits étatiques, est nécessaire pour l'activité d'entreprises privées [65].

Ainsi, dans l'affaire *Héli-Inter Assistance* [66], le Conseil de la concurrence et la cour d'appel de Paris ont-ils imposé au gestionnaire d'un héliport, qualifié d'infrastructure essentielle, de mettre en place une tarification non discriminatoire et orientée sur les coûts encourus. L'imputation dans les comptes internes d'une entreprise de charges d'accès à un service ou structure essentielle moindres que celles tarifées à des concurrents constituerait donc une pratique prohibée. Mais, là encore, convient-il de préciser les faits de l'espèce indiquant que l'entreprise en question n'était pas propriétaire des installations, mais simplement gestionnaire d'installations appartenant à un établissement public. La solution posée par le Conseil et la cour ne saurait donc être étendue à des entreprises privées propriétaires de telles installations.

L'intérêt de l'affaire est d'illustrer la portée des principes posés par le Conseil en matière de tarification d'activités diversifiées faisant appel à des services ou infrastructures essentielles. Les débats ayant précédé la détermination des coûts d'interconnexion en matière de télécommunication constituent une illustration de l'importance de ces questions.

---

65. L'on a dit ailleurs les critiques qui pouvaient être formulées à l'encontre de cet avis, voir X. BUFFET-DELMAS, N. CHARBIT, « La tarification des données publiques, A propos de l'avis GEPN » : *Expertises* n° 214, 1er avril 1998, p. 94.

66. Cons. conc., *Héli-Inter Assistance*, 3 septembre 1996 : *BOCCRF*, 8 janvier 1997, p. 3, 23 septembre 1997 : *BOCCRF*, 2 novembre 1997, p. 812 ; CA Paris, 9 septembre 1997 : *BOCCRF*, 7 octobre 1997, p. 692, et 30 juin 1998, non publié.

★

Un constat doit être dressé : le contrôle de concurrence ne peut, aujourd'hui, pleinement s'exercer à l'égard des activités de diversification. Les autorités de concurrence nationales et communautaires ont clairement défini un principe de séparations juridique, matérielle et comptable afin que soit rendu possible l'examen du respect des dispositions du droit de la concurrence. En droit interne, la principale limite à ce principe de triple séparation réside dans la forme de simple avis des recommandations posées par le Conseil de la concurrence. Sollicité à titre consultatif, le Conseil n'a pu qu'identifier les risques de distorsions de concurrence pouvant résulter de la diversification et suggérer aux législateur et autorités de tutelle les réformes à mettre en place. Ces autorités ont pu, à l'occasion, se montrer ouvertes aux analyses du Conseil. Ainsi, par exemple, les ministres de l'Economie et de l'Industrie ont-ils rédigé et rendu publique, à la suite de l'avis *EDF/GDF*, une lettre aux présidents des deux établissements publics, reprenant l'essentiel des recommandations de l'autorité de concurrence [67]. Mais c'est surtout, à terme, le droit communautaire qui contraindra à modifier les dispositions nationales afin d'intégrer dans l'ordre interne les dispositions des directives de libéralisation reprenant les principes posés par l'autorité française de concurrence (voir *infra,* proposition de modification de la directive Transparence). A ce jour, le risque juridique principal pour les entreprises et établissements publics développant des activités de diversification réside dans une procédure communautaire au titre des aides d'Etat.

La diversification au regard du droit public. — Le respect du principe de spécialité relève du droit public. Ainsi, la création d'une filiale d'EDF échappant au principe de spécialité de l'établissement public échappe à la compétence du Conseil et des juridictions judiciaires [68]. Mais cette question est loin d'être indifférente aux entreprises publiques et privées directement concernées par la diversification. Elle constitue en fait le premier pas du contrôle de la légalité de cette diversification. Ce n'est qu'après qu'auront été satisfaites les dispositions du droit public que pourra être vérifié le respect des dispositions de concurrence. Tout

---

67. Lettre du 26 avril 1995 du ministre de l'Economie, du ministre de l'Industrie, des Postes et des Télécommunications et du Commerce extérieur à MM. les Présidents d'Electricité de France et Gaz de France, *CJEG*, juillet/août 1995, p. 251.
68. CA Paris, *SYNTEC*, 10 février 1994 : *BOCCRF*, 8 mars 1994 ; voir en revanche le jugement du tribunal administratif de Paris ayant condamné la prise de participation d'un holding d'EDF dans une société d'ingénierie. La SYNTEC demandait l'annulation de l'arrêté ministériel ayant autorisé EDF à souscrire à l'augmentation de capital de CHARTH pour permettre le transfert à celle-ci du capital de la société CETI. Le tribunal a jugé que, de par sa généralité, l'objet social de CETI ne pouvait se rattacher à la mission d'EDF, TA Paris, *SYNTEC*, 25 mai 1994 : *CJEG*, avril 1995, p. 157.

établissement public à caractère industriel et commercial peut ainsi diversifier son activité principale, pour autant que soient réparties, cumulativement, les deux conditions cumulatives suivantes posées par le Conseil d'Etat dans son avis *EDF/GDF* : *i)* les activités annexes doivent être techniquement et commercialement le complément normal de sa mission statutaire principale, en l'occurrence, la production, le transport, la distribution et l'importation/exportation d'électricité, ou, au moins, être connexes à ces activités ; *ii)* les activités concernées doivent être à la fois d'intérêt général et directement utiles à l'établissement public.

3

Le contrôle des aides d'Etat

Aucune économie nationale n'ignore l'existence d'aides publiques : subventions, prêts à taux préférentiels, bonifications d'intérêts, recapitalisations, aides à l'exportation... constituent autant d'instruments des politiques économiques nationales de l'ensemble de ces Etats [69]. Malgré les principes de liberté du commerce et de l'industrie proclamés, sous des formes diverses, dans la plupart des systèmes juridiques nationaux, en matière d'aides d'Etat, le principe de concurrence non faussée n'est pourtant réellement assuré que par le seul droit communautaire *(3.1)*. Les Etats sont naturellement peu disposés à contrôler au titre de leur politique de concurrence la distribution de leurs propres subsides [70], de sorte qu'il faut se tourner vers le droit communautaire pour trouver un véritable régime de contrôle des aides d'Etat *(3.2)*.

3.1. Le droit français

La notion d'aide en droit français n'est explicitement consacrée que par le droit administratif de la décentralisation *(3.1.1)*. Mais cette consécration n'est qu'une forme d'encadrement, voire d'autorisation, sans contrôle des

---

69. Dans les pays membres de l'Union, les aides d'Etat ont pu, certaines années, représenter près du total du budget communautaire. Ce sont ainsi pour la période 1994-1996 près de 83 milliards d'ECU d'aides étatiques qui ont bénéficié aux entreprises européennes (CCE, IP/98596, 1er juillet 1998). Les distorsions de concurrence qu'elles engendrent sont d'autant plus criantes que la manne publique est inégalement répartie : les quatre principaux pays de l'Union (France, Allemagne, Grande-Bretagne et Italie) représentent en effet 85 % de ces aides, alors que les quatre pays dits de la « cohésion » (Grèce, Portugal, Espagne et Irlande) n'en représentent que 8 %. Ainsi les pays les plus riches sont-ils les plus dispensateurs d'aides, aggravant les disparités économiques existant entre pays membres.
70. Voir cependant *infra* sur les règlements relatifs aux aides communautaires prévoyant expressément le respect des règles de concurrence, p. 106.

effets des aides sur le jeu de la concurrence [71]. En effet, le droit interne de la concurrence ignore encore la notion d'aide, mais le revirement du Conseil d'Etat dans l'affaire *Million et Marais* pourrait permettre un prochain contrôle par le juge administratif *(3.1.2).*

3.1.1. L'interventionnisme économique : les lois de décentralisation

L'aide publique s'inscrit *a priori* à l'encontre du principe de la liberté du commerce et de l'industrie. Ce principe, qui trouve sa source dans la législation révolutionnaire [72] n'est pas inscrit dans la Constitution, mais il a néanmoins acquis une valeur constitutionnelle depuis que le Conseil constitutionnel l'a consacré dans sa décision du 16 janvier 1982 relative aux nationalisations [73]. Cependant, depuis le début du siècle, l'interventionnisme public a été largement admis par le Conseil d'Etat qui n'a fait qu'accompagner le mouvement plutôt que de s'y opposer [74].

Ce mouvement a été renforcé par les lois de décentralisation, telle la loi n° 82-213 du 2 mars 1982 relative aux droits et libertés des communes, des départements et des régions, qui a permis un renouveau de l'interventionnisme local. Cette loi décentralisatrice accorde, en effet, aux collectivités locales la possibilité d'octroyer aux entreprises des aides aussi bien directes (primes à l'emploi, à la création d'entreprises et prêts, avances et bonification d'intérêts) qu'indirectes (garanties d'emprunt, revente ou location de bâtiments à des entreprises par exemple) [75].

La notion d'aide apparaît donc dans les textes législatifs et réglementaires, aussi bien que dans la jurisprudence relative à l'interventionnisme des collectivités locales. Ainsi, le Commissaire du gouvernement Pochard dans l'arrêt *Département des Alpes Maritimes* a proposé comme définition de l'aide directe :

> « toute forme d'aide en nature ou en numéraire, engageant le budget de la collectivité, (...) qui s'inscrit directement dans le compte de résultat de l'entre-

---

71. Voir N. CHARBIT, P. LIGNIERES, « Quelle définition des aides publiques ? » : *CJFE*, n° 4/95.
72. Loi des 2-17 mars 1791, dite décret d'Allarde, et des 14-17 juin 1791, dite loi Le Chapelier.
73. A. PIEDELIEVRE, J. DUPICHOT, note, *Gaz. Pal.*, 1982, I, 67 ; *JCP*, éd. G, 1982, II, 1978, note V. NGUYEN QUOC, I. FRANCK.
74. CE, 4 juin 1954, *Dame Berthod* : *Rec.* p. 335 ; 17 avril 1964, *Commune de Merville-Franceville* : *Rec.*, p. 251 ; CE, 20 novembre 1964, *Ville de Nanterre* : *Rec.*, p. 563. Dans ces arrêts, le Conseil d'Etat avait admis la légalité de la création d'un service de fournitures funéraires, d'un camping municipal et d'un cabinet dentaire municipal.
75. Articles 4 et 48 de la loi n° 82-213 du 2 mars 1982, et article 4 de la loi n° 82-6 du 7 janvier 1982 approuvant le plan intérimaire.

prise, tandis que les aides indirectes n'ont pas cette incidence immédiate et favorisent le développement de l'entreprise de façon moins automatiquement comptable »[76].

Mais le droit administratif français ne consacre la notion d'aide publique qu'afin de définir et de réglementer les aides accordées dans le cadre des lois de décentralisation. Apparaît, ainsi, une antinomie entre les possibilités offertes aux collectivités locales par le droit de la décentralisation en matière d'interventionnisme économique et la prohibition de principe de l'article 92 du traité de Rome[77]. Quant au droit interne de la concurrence, il a longtemps ignoré la notion d'aide publique.

3.1.2. Le prochain contrôle du droit interne de la concurrence

Le contrôle de concurrence au titre de l'ordonnance de 1986 n'a pas jusqu'à présent permis de connaître des effets potentiellement anti-concurrentiels des aides publiques. Les autorités de concurrence ont, en effet, été limitées par la jurisprudence *Ville de Pamiers* qui contraignait à qualifier l'octroi de subventions d'acte administratif, échappant au champ d'application des règles internes de concurrence[78].

Ainsi, dans une décision *Mutuelle générale des services publics*[79], le Conseil de la concurrence a estimé que l'octroi de concours financiers échappait aux dispositions de l'ordonnance de 1986. Selon le Conseil, le ministre chargé du budget ne se livrait pas, en consentant des subventions, à une activité de production, de distribution ou de services au sens de l'article 53. La décision a été approuvée par la cour d'appel de Paris qui a néanmoins ajouté que l'octroi de subventions par le ministre de

76. CE, *Département des Alpes Maritimes*, 18 novembre 1991 : *Rec.* p. 396, conclusions du Commissaire du Gouvernement Pochard, reprises dans CE, *Commune d'Allos*, 17 janvier 1994 : *Rec.* p. 28.
77. Ainsi, le Conseil constitutionnel a-t-il rappelé que l'interventionnisme local était subordonné au respect des engagements internationaux (Décision du 25 février 1982 : *AJDA*, 1982, p. 3030, note J. BOULOUIS ; *JCP*, éd. G, 1983, II, 20099, note FRANCK). De même, il apparaît notamment dans le décret d'application de l'une des aides directes, une référence à l'article 92 du traité de Rome (Décret n° 82-379 relatif à la prime d'aménagement du territoire, article 13) ; voir également, MINISTERE DE L'INTERIEUR, *L'action économique des collectivités locales*, 1992, p. 89, et P. LIGNIERES, « Le droit de la concurrence peut-il limiter l'octroi de garanties d'emprunt par les collectivités locales ? » : *JCP*, éd. E, 1993, I, 285.
78. Voir X. DELCROS, « Le contrôle du juge administratif français en matière d'aides publiques » : *AJDA*, 1993, p. 462.
79. Cons. conc., *Mutuelle générale des services publics*, 28 avril 1993 : *BOCCRF*, 19 juin 1993, p. 169. Le Conseil a adopté une même solution dans une affaire *Victoria*, 29 janvier 1997 : *BOCCRF*, 25 mars 1997, p. 205.

l'Économie relevait du seul exercice des prérogatives de puissance publique [80].

Le Conseil de la concurrence a exceptionnellement accepté de se prononcer sur l'effet anti-concurrentiel d'aides publiques dans le cadre d'avis. Dans l'affaire *Coopératives agricoles de drainage* [81], un syndicat professionnel interrogeait le Conseil sur la compatibilité avec les principes de liberté du commerce et de l'industrie et de libre concurrence des avantages et aides dont bénéficiaient les coopératives agricoles intervenant sur le marché du drainage. L'autorité française de concurrence a estimé que, dans son ensemble, l'intervention étatique n'était pas, par elle-même, de nature à affecter la concurrence dès lors que le ministère avait étendu à l'ensemble des maîtres d'ouvrages collectifs l'octroi de subventions initialement réservées aux seuls maîtres d'ouvrages publics. Le critère explicitement mis en œuvre est ainsi celui de l'absence de discrimination à l'encontre des entreprises.

Dans l'avis *Entreprises d'insertion par l'économique* [82], le Conseil était amené à se prononcer sur les distorsions de concurrence suscitées par les aides versées par l'Etat aux entreprises ou associations d'insertion des personnes en situation d'exclusion au titre de différentes dispositions législatives et réglementaires. Le Conseil a estimé que le jeu normal de la concurrence n'était pas faussé par l'octroi de ces subventions, les aides étant évaluées et plafonnées de telle sorte qu'elles se limitaient à compenser les surcoûts d'encadrements et la moindre productivité de ces salariés. Les entreprises bénéficiaires ne bénéficiaient d'aucun marché privilégié et restaient soumises au jeu de l'offre et de la demande. Dès lors, le Conseil concluait que ces aides avaient un effet pro-concurrentiel, leur présence étant de nature à accroître le choix d'offreurs indépendants sur le marché.

Ces avis sont intéressants à un double titre. D'une part, alors que le Conseil s'est jusqu'à présent interdit de juger de la licéité de subventions dans le cadre des saisines contentieuses, il se livre, dans sa fonction

---

80. CA Paris, *Mutuelle générale des services publics*, 11 janvier 1994 : *BOCCRF*, 28 janvier 1994, p. 21, observations de V. SELINSKY et P. LIGNIERES, *LPA*, 18 février 1994, p. 6. La référence aux prérogatives de puissance publique a pu suggérer de relativiser la portée de cet arrêt quant à la question de l'application de l'ordonnance de 1986 à toutes les aides d'Etat, de nombreuses aides étatiques relevant de contrats de droit privé qui échappent à la qualification d'exercice de prérogatives de puissance publique. La décision du Conseil *Victoria* précitée (note 79) rappelle néanmoins que la motivation principale du refus de contrôle des aides reposait jusqu'à présent sur l'interprétation de l'article 53 et la distinction actes/activités de production héritée de la jurisprudence *Ville de Pamiers*.

81. Cons. conc., Avis *Coopératives agricoles de drainage*, 11 juillet 1989 : *BOCCRF*, 11 août 1989, p. 204.

82. Cons. conc., Avis *Entreprises d'insertion par l'économique*, 5 janvier 1994 : *BOCCRF*, 9 février 1994, p. 74.

consultative, à une véritable analyse de l'effet restrictif de concurrence de ces mesures. Il importe peu que ces avis concluent à l'absence d'effet restrictif de concurrence sur des motifs pouvant paraître étonnants, tout au moins au regard de la pratique communautaire. L'important est qu'ait été admis l'effet potentiellement anti-concurrentiel des aides publiques. Car aujourd'hui, à la suite du revirement du Conseil d'Etat dans l'arrêt *Million et Marais* [83], l'on peut légitimement s'attendre au contrôle par les juridictions administratives des aides publiques au titre de l'ordonnance de 1986 [84].

D'autre part, la ressemblance entre les critères mis en œuvre par le Conseil et ceux utilisés par le juge communautaire est frappante : au critère de discrimination répond la notion communautaire d'avantage, au critère de compensation correspond l'exigence communautaire de proportionnalité. Cependant, alors que la Commission fait usage de ces critères pour examiner la possibilité d'une dérogation au principe de prohibition, le Conseil les met en œuvre pour conclure à l'absence de toute restriction de concurrence. Il est vrai que s'il devait aboutir à une solution inverse, il ne saurait à quel titre condamner ces aides, sauf à se référer aux principes généraux de la liberté du commerce et de l'industrie. Les différences de logiques institutionnelles illustrent la limite du rapprochement entre les deux démarches française et communautaire qui demeurent ainsi, en matière d'aides tout au moins, substantiellement ignorantes l'une de l'autre.

3.2. Le droit communautaire

Le contrôle communautaire des aides d'Etat participe, de première part, avec les règles applicables aux entreprises précédemment étudiées, à la politique communautaire de concurrence en ce qui concerne le comportement des Etats. Cette politique se rapproche à cet égard des dispositions relatives aux libertés de circulation des marchandises, services et capitaux qui édictent des règles à l'intention des autorités étatiques. Ce contrôle participe, de seconde part, à la politique régionale communautaire de développement économique harmonieux dans l'Union, tel que rappelé

---

83. CE, *Million et Marais*, voir *supra* p. 24.
84. Avant le revirement constitué par l'arrêt *Million et Marais*, il avait ainsi été suggéré que le droit interne de la concurrence pourrait permettre de remettre en cause la légalité d'une aide publique, pour peu que l'aide ne soit pas qualifiée d'acte d'organisation du service public ou d'acte qui constitue l'exercice d'une prérogative de puissance publique, voir P. LIGNIERES, « Le droit de la concurrence peut-il limiter l'octroi de garanties d'emprunt par les collectivités locales ? », *op. cit.*

par l'article 130 A posant un objectif communautaire de cohésion économique et sociale [85].

Dans le cadre du présent ouvrage, l'on ne développera pas les dispositions de procédure qui n'offrent pas de spécificité au regard du secteur public [86] ; l'on préférera se pencher sur les questions particulières qui se posent en présence d'entreprises publiques ou investies d'une mission de service public. Il en est ainsi de la notion d'aide d'Etat, objet d'une approche administrative et jurisprudentielle élargie de la définition donnée par l'article 92.1 *(3.2.1)*. Cette expansion constante de la notion trouve cependant une limite dans le cas de certaines aides aux entreprises publiques, grâce au « test de l'investisseur privé » *(3.2.2)*. Il conviendra enfin d'examiner l'application particulière de l'« exception » de service public précédemment décrite (article 90.2) aux aides d'Etat *(3.2.3)*.

3.2.1. Une définition extensive des aides d'Etat

Le traité pose dans son article 92.1 le principe de prohibition des aides d'Etat. Cette disposition comporte quelques éléments d'une définition que la Commission et la CJCE ont développée :

> « Sauf dérogations prévues par le présent traité, sont incompatibles avec le marché commun, dans la mesure où elles affectent les échanges entre les Etats membres, les aides accordées par les Etats ou au moyen de ressources d'Etat sous quelque forme que ce soit, qui faussent ou menacent de fausser la concurrence en favorisant certaines entreprises ou certaines productions ».

La pratique administrative et la jurisprudence ont adopté une définition extrêmement large des mesures susceptibles de constituer une aide d'Etat. Dans son arrêt *Denkavit* [87], la CJCE a ainsi jugé que l'article 92 vise :

---

85. Voir, au sujet de la cohérence des politiques communautaires de concurrence et de cohésion, J. M. FERNANDEZ MARTIN et O. STEHMANN, « Product Market Integration versus Regional Cohesion in the Community » : *EL Rev.* 1991, p. 216 ; N. CHARBIT, « Quels rapports entre aides communautaires régionales et politique de concurrence ? » *LPA,* 12 janvier 1999, p. 15.

86. Voir à ce sujet, entre autres références, L. RAPP et al., *Droit public des affaires, op. cit.*, n° 1092 s. ; J. BIANCARELLI, « Le contrôle de la Cour de Justice des Communautés européennes en matière d'aides publiques » : *L'Actualité juridique, Droit administratif,* 20 juin 1993, p. 412 ; M. DONY-BARTHOLMÉ, « La notion d'aide d'Etat » : *CDE* 417, 1994, p. 399 ; M. FROMONT, « La récupération des aides versées en violation du droit communautaire » : *RAE* n° 2, 1993, p. 5 ; A. HOUTMAN, « Entreprises en difficulté et règles communautaires en matière d'aides d'Etat » : *RIDA*, 1995/2, p. 331 ; A. WACHSMANN, « Les aides d'Etat doivent-elles encore avoir une origine étatique ? » *Europe*, avril 1997, p. 4.

87. CJCE, *Denkavit*, 27 mars 1980, aff. 61/79 : *Rec.* p. 1205, point 31 ; voir aussi CJCE, *Steenkolemmijnen/Haute Autorité*, 23 février 1961, aff. 30/59 : *Rec.* p. 1, point 39.

> « les décisions des Etats membres par lesquelles ces derniers, en vue de la poursuite d'objectifs économiques et sociaux qui leur sont propres, mettent, par des décisions unilatérales et autonomes, à la disposition des entreprises ou d'autres sujets de droit des ressources ou leur procurent des avantages destinés à favoriser la réalisation des objectifs économiques ou sociaux recherchés » [88].

Au terme de cette définition jurisprudentielle, une aide d'Etat est donc tout avantage *(a),* accordé par l'Etat *(b),* et favorisant certaines entreprises ou certaines productions *(c)*, pour autant, bien entendu, que soient affectés les échanges entre Etats membres.

a) Un avantage

La notion d'avantage est sans doute l'élément essentiel de la définition en raison de son caractère particulièrement général. En effet, à l'instar du droit français, cette notion ne vise pas seulement les subventions directes de l'Etat, mais également toutes les mesures qui, sous des formes diverses, allègent les charges qui grèvent normalement le budget d'une entreprise et ont ainsi des effets similaires à des subventions. Cette acception englobe tout transfert des ressources publiques vers le bénéficiaire ainsi que tout manque à gagner pour l'Etat.

La Commission et la CJCE, inspirées par les plaintes diverses d'opérateurs utilisant l'arme anti-trust, sont à l'origine d'une extension constante de la notion d'aide d'Etat. Ainsi, dans une affaire *Fonds national de l'emploi* [89], la CJCE a estimé que la réduction des coûts de licenciement par la participation du *FNE* sous forme de mesures financières d'accompagnement, constituait une aide d'Etat. L'intervention du FNE déchargeait en effet l'entreprise devant procéder aux suppressions de postes d'une partie de ses obligations envers ses salariés, la mettant ainsi dans une situation plus favorable que ses concurrents.

Cette affaire, appelée à avoir d'importants retentissements sur les politiques sociales des Etats membres qui lient quasi-systématiquement tous

---

88. Voir par exemple, BELLAMY AND CHILD, *EC Competition Law Reporter*, CCH, 1994, n° 18-003 et 18-011 qui citent pêle-mêle : aides à l'investissement, subventions destinées à couvrir des déficits d'exploitation, prêts à taux préférentiels, versements à l'exportation, remises de cotisations sociales, tarifs énergétiques préférentiels non économiquement justifiés, retard autorisé de paiement d'impôts, effacement de dettes, versements de primes destinées à attirer de la main-d'œuvre dans une industrie particulière, recapitalisations, aides à l'exportation, taxes destinées à la recherche et au renouvellement de l'outil industriel, la promotion de produits d'une industrie... La Commission avait publié en réponse à une question parlementaire en 1963 une liste des mesures susceptibles d'être analysées comme des aides d'Etat, *JOCE*, 1963, 2235. La lecture des Rapports annuels sur la politique de concurrence fournit des exemples détaillés et à jour.
89. CJCE, *France/Commission (Fonds national de l'emploi)*, 26 septembre 1996, aff. C-241/94 : *Rec.* I, p. 4570.

grands plans de licenciement à des mesures d'accompagnement, témoigne de l'extension constante et préoccupante du contrôle communautaire au titre du régime des aides d'Etat.

b) Un avantage accordé par l'Etat

L'aide doit provenir de l'Etat, ce qui englobe toutes les émanations de l'autorité publique. La CJCE a ainsi déclaré dans une affaire *Commission/France* [90] que :

> « l'article 92 englobe l'ensemble des aides accordées par les Etats au moyen de ressources d'Etat, sans qu'il y ait lieu de distinguer selon que l'aide est accordée directement par l'Etat ou par des organismes publics ou privés qu'il institue ou désigne en vue de gérer l'aide ».

Toutes mesures projetées par des autorités nationales, régionales ou locales, de façon directe (par l'Etat ou ses démembrements) ou indirecte (par l'intermédiaire d'une institution publique ou privée que l'Etat a chargée d'octroyer l'aide) répond donc à ce second critère. Cette conception extensive contraint notamment les collectivités locales à plus de prudence dans l'octroi de subventions ou de garanties à des projets d'une certaine taille ou dans des régions frontalières.

Engagement de garantie donné par l'État à l'occasion d'une privatisation. — Le développement de la politique de contrôle des aides d'État a eu notamment pour effet de voir apparaître dans les contrats de cessions d'entreprises des clauses tendant à garantir l'acquéreur de tout risque de remboursement d'éléments d'aides perçues par l'entreprise cédée. De telles clauses apparaissent d'autant plus nécessaires que jusqu'à l'entrée en vigueur du nouveau règlement de procédure instituant une période de contrôle limitée à dix ans, la Commission pouvait exiger le remboursement d'aides d'État sans limitation de temps. En pratique, le respect des obligations des articles 92 et suivants constitue souvent une préoccupation des concurrents ou acquéreurs potentiels délaissés à la suite de la vente de l'entreprise. Si une telle action ne peut jamais avoir pour effet d'annuler l'opération de cession, elle peut aboutir à substantiellement réduire la valeur de l'entreprise acquise.

Dans le cas de privatisation d'entreprise, l'État est ainsi sollicité de la même manière que tout cédant pour garantir l'absence d'aides reçues par son entreprise ou l'indemnisation en cas d'action en remboursement de la Commission. Mais l'État peut-il licitement s'engager à rembourser à l'entreprise les sommes que celles-ci devraient lui restituer au titre du contrôle des aides d'État ? Le principe de l'investisseur en économie de marché (voir *infra*) devrait l'y autoriser au regard du caractère général de cette pratique contractuelle. En effet, à l'instar

90. CJCE, *Commission c. France*, 30 janvier 1985, aff. C-290/83 : *Rec.* p. 439.

des risques fiscaux, sociaux ou environnementaux, il est d'usage de négocier de telles stipulations pour garantir l'acquéreur du risque aides d'État. La licéité de cette clause pour les opérateurs privés ne fait aucun doute.

Pour autant, la Commission a dénié à l'État le bénéfice du test de l'investisseur privé à cet égard. En effet, à l'occasion de la privatisation de la Meditterraneo Tecnica Textil, l'État espagnol avait procédé à une recapitalisation de cette entreprise — qui avait déjà dans le passé fait l'objet de plusieurs recapitalisations importantes — et avait convenu avec l'acquéreur d'une clause prévoyant que tout événement important sur le plan financier qui serait la conséquence d'actes antérieurs à la vente de l'entreprise serait à la charge de l'État. Dans sa décision *Mediterraneo Tecnica Textil,* la Commission a interdit l'exécution de cette disposition en vertu des principes généraux du droit communautaire de l'effet utile des décisions et de primauté. La CJCE n'a pas eu à se prononcer sur cette question. Ainsi, bien qu'*a priori,* il ne puisse être exclu que cette garantie puisse satisfaire aux conditions du test de l'investisseur privé, la sécurité juridique recommande de s'en tenir à l'analyse de la Commission.

c) Un avantage accordé par l'Etat et favorisant certaines entreprises ou certaines productions

Une aide d'Etat, pour fausser ou menacer de fausser la concurrence, doit encore favoriser certaines entreprises ou certaines productions par opposition à une mesure générale applicable à toutes les entreprises ou tout un secteur. Ainsi, une réduction générale d'impôts ne devrait pas être considérée comme aide d'Etat. Dans l'affaire *Kirsammer* [91], il a été jugé que le non-assujetissement d'une catégorie d'entreprises (en l'espèce les petites entreprises) au régime de protection en cause (régime de protection des travailleurs contre le licenciement abusif) n'entraînait aucun transfert direct ou indirect des ressources d'Etat à ces entreprises mais procédait seulement de :

> « la volonté du législateur de prévoir un cadre législatif spécifique pour les relations de travail entre employeurs et salariés dans les petites entreprises et d'éviter d'imposer à ces entreprises des contraintes financières pouvant entraver leur développement ».

Cependant, la Commission et la CJCE contrôlent de près l'apparence de généralité : ainsi, dans l'affaire *Commission/Italie* [92], la CJCE a estimé qu'une réduction de charges patronales plus importante en faveur de la main-d'œuvre féminine constituait une aide d'Etat en avantageant les secteurs de l'habillement et du textile en raison de la grande proportion de femmes travaillant dans ce secteur.

91. CJCE, *Kirsammer*, 30 novembre 1993, aff. C-189/91 : *Rec.* I, p. 6215.
92. CJCE, *Commission/Italie*, 14 juillet 1983, aff. C-203/82 : *Rec.* p. 2525.

Peut-on appliquer les règles relatives aux aides d'Etat aux aides communautaires ? Le champ d'application de la prohibition des aides d'Etat posée par les articles 92.1 et suivants du traité s'étend aux aides financées au moyen de ressources d'Etat, ce qui autorise à s'interroger sur la mise en œuvre de ces dispositions aux aides communautaires. La Commission a elle-même rappelé dans son Rapport 1996 les dispositions de l'article 7 al. 1 du règlement CE n° 2081/93 du Conseil du 20 juillet 1993 modifiant le règlement CEE n° 2052/88 concernant les missions des Fonds à finalité structurelle. Cet article présente un intérêt certain en ce qu'il est susceptible de constituer le fondement de critiques des aides octroyées par la Commission au titre des instruments financiers [93]. En effet, cette disposition pose le principe selon lequel toute action faisant l'objet d'un financement communautaire doit être conforme au droit communautaire : « *Les actions faisant l'objet d'un financement par les Fonds structurels ou d'un financement de la BEI ou d'un autre instrument financier existant doivent être conformes aux dispositions des traités et des actes arrêtés en vertu de ceux-ci, ainsi que des politiques communautaires, y compris celles concernant les règles de concurrence.* » Toute constatation de non respect du droit communautaire peut ainsi conduire à la suspension, la réduction et à la suppression des aides communautaires.

Une entreprise subissant un désavantage du fait de l'octroi d'aides communautaires à un concurrent peut donc s'interroger sur l'application des dispositions des articles 92 et suivants du traité aux instruments financiers communautaires. Certes, la mise en œuvre de ces dispositions aurait pour effet probable de mettre la Commission en situation de juge et partie, mais sous réserve du contrôle de la CJCE. L'action, audacieuse, n'a, à notre connaissance, pas été tentée. Il peut sembler imprudent de remettre en cause une source communautaire de financements aussi essentielle ; aussi, des négociations ont pu résorber des difficultés ponctuelles.

3.2.2. Le cas particulier des aides aux entreprises publiques

a) L'obligation de transparence

La Commission s'est préoccupée dès 1980 du manque de transparence dans les relations financières existant entre l'Etat et ses entreprises. En effet, si les flux financiers vers et en provenance de l'Etat sont relativement simples dans le cas des entreprises privées (paiement d'impôts et versement de subventions clairement identifiées dans la comptabilité de ces entreprises), la multiplicité des flux financiers possibles et leur manque de publicité rendent ces relations opaques dans le cas des entreprises publiques [94]. Ces flux peuvent en effet revêtir de nombreuses formes,

93. Voir L. Rapp (dir.), *Lamy Droit public des affaires*, 1999, Aides communautaires.
94. F. Rawlinson, *La transparence dans les relations entre l'Etat et les entreprises publiques*, conférence CEDECE, Paris, 9 octobre 1992.

identifiées (subventions, injections de capital, compensations de pertes d'exploitation...), voire non identifiées (prêts octroyés à des conditions avantageuses, renonciation au paiement de dividendes ou d'intérêts sur les prêts, octroi de garanties...). C'est pourquoi la Commission a émis une directive dite transparence [95] obligeant les Etats à tenir une comptabilité de tous les flux financiers vers leurs entreprises et à fournir à la Commission toutes informations à ce sujet. Cette directive mentionne expressément certains de ces flux financiers, tels que les apports en capital ou en dotation, les subventions directes ou les prêts à des conditions privilégiées, l'octroi d'avantages financiers sous forme de non-recouvrement de créance, la renonciation à une rémunération normale des fonds publics engagés... [96]

Par la suite, la Commission a publié de nombreuses communications tendant, par exemple, à préciser la portée de cette directive pour les entreprises du secteur manufacturier en étendant l'obligation de communication d'information à d'autres types de transferts, tels les prêts ou le manque de rendement du capital investi [97] ; en 1984, communication sur le contrôle des injections de capital [98] ; en 1997, communication sur les ventes de terrain et de bâtiments par les pouvoirs publics [99]. Ces communications ont toutes en commun de se fonder sur le « test de l'investisseur privé ».

Proposition de modification de la directive Transparence. — En dépit de son engagement de ne pas prendre l'initiative politique substantielle à la suite de sa démission collective début 1999, la Commission a annoncé le 31 mars de cette année l'adoption d'un projet de directive modifiant la directive 80/723/CEE. La proposition de la Commission tend à imposer une comptabilité distincte pour les activités d'une même entreprise publique présente à la fois sur un secteur sous monopole et un secteur concurrencé. La modification de la directive est destinée à donner à l'institution communautaire les moyens de contrôler le strict cantonnement du financement étatique aux missions de service public.

---

95. Directive 85/413/CEE modifiant la directive 80/723/CEE relative à la transparence des relations financières entre les Etats membres et les entreprises publiques : *JOCE*, L 195/35, 6 juillet 1982, modifiée *JOCE*, L 229/20, 28 août 1985.
96. La CJCE, saisie de plusieurs recours d'Etats membres à l'encontre de cette directive, l'a notamment validé dans l'arrêt, *France et a./Commission*, 6 juillet 1982, aff. 188-189-190/80 : *Rec.* p. 2545.
97. Communication du 18 octobre 1991, Application des articles 92-93 et de l'article 5 du traité CEE et de la directive 80/723/CEE de la Commission aux entreprises publiques du secteur manufacturier : *JOCE*, C 273/2, 18 octobre 1991.
98. Communication Application des articles 92-93 du traité CEE aux prises de participation des autorités publiques, Bull. CEG — 198h, *Recueil des dispositions en matière d'aides d'Etat*, Vol. II A, p. 113.
99. Communication de la Commission concernant les éléments d'aide d'Etat contenus dans des ventes de terrain et de bâtiments par les pouvoirs publics : *JOCE*, C 209/3, 10 juillet 1997.

La Commission reconnaît ainsi l'ineffectivité de la directive Transparence de 1980, récemment mise en évidence par le TPICE dans l'arrêt *FFSA*. Dans cette affaire, le Tribunal avait en effet souligné l'absence de toute disposition communautaire relative à l'adoption d'une comptabilité analytique détaillée propre à établir l'existence de subventions croisées. En l'espèce, à défaut d'une telle comptabilité, la Commission avait ainsi pu estimer sans manquement que le coût global de la mission d'aménagement du territoire, tel qu'évalué par un cabinet d'audit, n'excédait pas la contribution de l'État (voir *infra*).

La nouvelle directive ne s'appliquerait pas aux secteurs pour lesquels existent déjà des dispositions spécifiques imposant la mise en place de certaines exigences comptables (transports ferroviaires, télécommunications, services postaux...). Le texte ne s'appliquerait pas non plus aux secteurs pour lesquels la délégation des missions de service public a été attribuée à la suite d'appels d'offres ouverts.

Cette directive, si elle devait être adoptée en l'état, aura une portée essentielle quant à la capacité des États de financer les missions de service public confiées à leurs entreprises. En effet, au-delà d'une simple obligation comptable, sa portée sera d'imposer la valorisation de toutes prestations internes à leur prix réel. En effet, le bénéfice de certains avantages financiers (prêt intra-groupe, conventions de trésorerie...), ou en nature (mise à disposition de personnel, de locaux ou d'autres moyens techniques...), à titre gratuit ou à un prix inférieur au prix du marché est susceptible de constituer une subvention croisée illicite.

Prolongeant le principe admis d'une concurrence non faussée entre opérateurs publics et privés, le texte modificatif de la directive Transparence porte en lui la fin de la liberté de la tarification des prix de cessions internes pour les entreprises publiques, rejoignant ainsi la pratique comptable et financière (prix de transferts), mais aussi organisationnelle (restructuration des groupes en unités opérationnelles distinctes), dorénavant répandue dans le secteur privé.

b) Le « test de l'investisseur privé »

L'application de la définition jurisprudentielle des aides d'Etat pose un problème particulier aux entreprises publiques : doit-on qualifier toutes interventions de l'Etat dans ces entreprises d'aides au sens de l'article 92 alors que les pouvoirs publics ne font peut-être qu'agir comme n'importe quel actionnaire le ferait avec sa propre entreprise ? En décider ainsi aurait été condamner systématiquement l'actionnariat public et violer l'article 222 [100].

Afin de résoudre cette difficulté, les autorités communautaires de concurrence ont élaboré le test de l'investisseur privé. Pour pouvoir déterminer si les transactions financières entre l'Etat propriétaire et ses entreprises publiques constituent des aides d'Etat, la Commission examine si les conditions auxquelles l'Etat procure des ressources à ces entreprises sont

100. Article 222 : *« Le présent traité ne préjuge en rien le régime de la propriété dans les Etats membres. »*

similaires à celles auxquelles un investisseur privé, opérant dans des conditions normales d'économie de marché, fournirait des fonds à une entreprise privée comparable. C'est sur ce fondement que la Commission a pu déclarer illégale la souscription par la *Caisse des dépôts* [101] à des obligations d'Air France, estimant :

> « qu'un investisseur privé raisonnable n'aurait pas investi 1,5 milliard de FF dans Air France au vu de la faiblesse récente de ses prestations d'exploitation et des performances financières, de son incapacité à mener à bien le plan de restructuration CAP 93 et de l'inaptitude manifeste du [nouveau plan] à redresser la situation ».

Ce principe s'applique à toutes prises de participation publiques, comme le souligne la Commission dans son XIVe Rapport concurrence : *« Si l'on peut démontrer clairement que l'Etat agit d'une façon semblable, comme un particulier le ferait dans le secteur privé, il y a présomption de la non-existence d'une aide d'Etat. Si, en revanche, l'Etat agit parce que le secteur privé n'interviendrait pas dans le cas considéré, il y a présomption d'octroi d'une aide »* [102]. Le TPICE a également récemment validé l'application du test de l'investisseur privé à des prêts publiques [103].

La mise en œuvre de ce principe fait ainsi tomber dans le champ de contrôle de la Commission l'essentiel des mesures de soutien aux entreprises publiques dont l'équilibre économique n'est pas assuré [104].

Les aides du Crédit Lyonnais. — L'affaire du Crédit Lyonnais offre une bonne illustration de la mise en œuvre du test de l'investisseur privé, et, au-delà, du caractère politique de ce contrôle communautaire de concurrence. Au début de 1994, la Commission apprend, par voie de presse, que les autorités françaises prévoient d'octroyer des aides financières au Crédit Lyonnais. La Commission demande alors des informations sur ces mesures afin d'examiner si elles sont susceptibles de contenir des aides d'Etat. En réponse à sa demande d'informations, les autorités françaises réagissent d'abord en affirmant que l'Etat a rempli, par les mesures en question, son devoir comme actionnaire majoritaire, afin de « préserver au mieux son intérêt patrimonial ». Elles considèrent donc que ces mesures ne sont pas notifiables, faisant valoir qu'elles ne constituent pas des aides d'Etat au sens de l'article 92.1 du traité et au regard du test de l'investisseur privé.

---

101. CCE, *Caisse des Dépôts-Air France*, 27 juillet 1994 : *JOCE*, L 258, 6 novembre 1994.
102. CCE, *XIVe Rapport sur la politique de concurrence*, n° 198. Voir aussi la communication de la Commission aux Etats membres du 18 octobre 1991 : Application des articles 92 et 93 du traité CE et de l'article 5 de la directive n° 80/723 de la Commission aux entreprises publiques du secteur manufacturier.
103. TPICE, *Cityflyer Express*, 30 avril 1998, aff. T-16/96, non publié, note L. IDOT, *Europe*, juin 1998, n° 203.
104. Sur la notion de l'investisseur privé en économie de marché, voir G. B. ABBAMONTE, « Market economy investor principle : A legal analysis of an economic problem » : *ECLR*, 1996, 4, p. 258 ; J. Y. CHEROT, *Les aides d'Etat dans les Communautés européennes*, Economica, 1997, n° 63 et s.

Cette défense fait long feu : la Commission ouvre une procédure d'enquête approfondie en estimant, à l'inverse : « *Tout laisse supposer qu'un investisseur privé dans une économie de marché n'aurait pas accepté, comme l'a fait l'Etat français en mai 1994, d'injecter ses capitaux dans le Crédit Lyonnais au prix de 774 F [par action], sans une enquête approfondie et complète sur les comptes de la banque et sans un plan de restructuration précis et détaillé démontrant que le Crédit Lyonnais connaîtra un retour à la viabilité dans un laps de temps raisonnable. Dès lors, sur la base des informations disponibles, l'augmentation de capital de 4,9 milliards de francs français doit être considérée, à ce stade, comme une aide d'Etat* ». Afin de pouvoir examiner ces aides à la lumière de l'article 92.3.c, la Commission décide l'ouverture de la procédure prévue à l'article 93.2, demande aux autorités françaises de notifier l'aide et invite par une publication au *Journal officiel* (17 mai 1995) les autres Etats membres et les tiers intéressés des Communautés européennes à présenter leurs observations.

La Commission rend sa décision le 26 juillet 1995. Elle admet que l'Etat puisse être amené à apporter son soutien aux établissements de crédit pour éviter les effets négatifs d'une crise systémique, tout en prenant soin de relever la responsabilité de la banque elle-même dans la crise. Trois conditions principales sont posées : *(i)* l'aide ne doit pas dépasser ce qui est absolument nécessaire ; *(ii)* le plan doit assurer la viabilité future de l'entreprise, et *(iii)* contenir des mesures destinées à réduire les distorsions de concurrence que fait naître l'aide. Une aide, alors évaluée à 45 Mds F, est autorisée. La décision est cependant subordonnée à l'engagement par la France d'assurer la réduction de la capacité commerciale du Crédit Lyonnais par une réduction d'au moins 35 % de sa présence commerciale à l'étranger. Surtout, la Commission affirme avoir tenu compte de l'affirmation des autorités françaises selon laquelle l'objectif de la privatisation est clairement assigné au Crédit Lyonnais et que le redressement attendu devrait lui permettre d'être prêt à une privatisation à l'horizon de cinq ans.

Mais, le 17 septembre 1996, la Commission est à nouveau informée par les autorités françaises des graves difficultés du groupe Crédit Lyonnais qui ne notifient pourtant aucun nouveau plan de restructuration... *(bis repetita)*. La Commission menace, le cabinet du Commissaire Van Miert évoque la « mise en faillite » de la banque en retirant sa décision de comptabilité de juillet 1995. Finalement, le 6 mai 1998, ultime date limite posée par la Commission, un accord est conclu avec les autorités françaises. La banque devra céder l'ensemble de son réseau européen, à l'exception des succursales de Londres, du Luxembourg et de la Suisse, 150 agences en France ainsi qu'une partie de ses activités en Asie et aux USA, le tout représentant 620 Mds F de bilan. Surtout, il est désormais convenu que la privatisation aura lieu avant le 1er octobre 1999 [105].

c) Les aides aux filiales : la préférence de groupe

Le critère de l'investisseur privé ne concerne que les transferts monétaires entre l'Etat et l'entreprise publique, ou les avantages accordés par l'Etat à celle-ci. Il ne semble pas que les dispositions relatives aux aides d'Etat

105. CCE, *Crédit Lyonnais II*, 20 mai 1998 : *JOCE*, L 221, 8 août 1998, p. 28.

puissent s'appliquer à la tarification des prestations externes, celles-ci ne constituant pas, à proprement parler, un transfert de ressources étatiques entre l'Etat et une entreprise, condition posée par l'article 92.1. Cette question n'est cependant pas encore tranchée en droit communautaire. En tout état de cause, la fixation du prix de ces prestations relève plus de l'application de l'article 86, sous la forme de prix prédateurs ou de subventions croisées [106]. En revanche, l'on doit examiner la présence d'éléments d'aides d'Etat dans les prestations internes entre une société mère et sa filiale.

La question n'est certes pas spécifique au secteur public ; elle se pose en revanche avec une acuité certaine pour les entreprises publiques et leurs filiales concurrentielles. Il existe en effet un risque de subventions croisées entre l'activité sous monopole et les activités concurrencées. De tels transferts pourraient, le cas échéant, être qualifiés de prix abusifs ou d'aides d'Etat.

Deux catégories d'aides d'Etat doivent en particulier être pris en considération : les injections de capital par la société mère dans ses filiales et les prestations internes telles que les services logistiques ou commerciaux. A l'évidence, le test de l'investisseur privé ne peut être appliqué tel quel dans le cas de relations intra-groupes. Le test doit donc être adapté à cette situation.

En ce qui concerne les injections de capital, la CJCE avait donné des premières indications dans les affaires *Alfa Romeo* [107] et *ENI-Lanerossi* [108] en admettant qu'un investisseur privé pourrait couvrir les pertes de ses filiales même à fonds perdus pendant un certain temps afin de préserver une image de marque ou pour permettre la réorganisation des activités. Cette jurisprudence autorise ainsi, dans certains cas, à prendre en compte des perspectives de long terme dans le cadre d'une holding.

Dans la récente décision *Chronopost* [109] , la Commission a examiné les injections de capital de La Poste dans sa filiale privée. Pour ce faire, la Commission a examiné le rendement pour la société mère en termes de dividendes et de plus-value de capital. Il n'y a pas aides d'Etat si le taux de rendement interne de l'investissement excède le coût du capital de la société (c'est-à-dire le taux de rendement qu'un investisseur privé exigerait dans des circonstances similaires).

Cette même décision *Chronopost* constitue la principale référence en ce qui concerne les services logistiques ou commerciaux échangés entre

---

106. L. HANGHER, J. L. BUENDIA SIERRA, *Cross-subsidization and EC Law*, *op. cit.*.
107. CJCE, *Alfa Romeo*, 21 mars 1991, aff. C-305/89 : *Rec.* I, p. 1635.
108. CJCE, *ENI-Lanerossi*, 21 mars 1991, aff. C-303/88 : *Rec.* I, p. 1433.
109. CCE *Chronopost, JOCE,* L 164, 1er octobre 1997, p. 37.

sociétés mère et fille. Le principe posé est celui d'une facturation calculée « sur la base des coûts complets ». En d'autre termes, le critère à retenir est celui de « contrepartie normale » ; « normale », c'est-à-dire par rapport à ce que pratiquerait une entreprise privée dans une situation comparable avec sa société fille. Ainsi précisé, le critère présente la même apparence de simplicité que le test standard de l'investisseur privé. Sa mise en œuvre est cependant laissée en grande partie entre les mains des experts financiers des cabinets d'audit.

Bien que l'état du droit positif apparaisse incertain, la décision *Chronopost* ayant été frappée d'appel, cette affaire peut constituer à ce jour une référence pour les entreprises publiques afin de limiter le risque juridique en matière d'aides d'Etat. Il conviendra donc de se référer au prochain arrêt de la CJCE qui viendra peut-être conclure cette longue procédure.

Avis du Conseil de la concurrence relatif aux activités financières de La Poste. — Le Conseil de la concurrence a élaboré un test complet, et compliqué, pour examiner l'existence de prix prédateurs pratiqués par un monopole public. Avant de procéder à tout examen d'allégations de prédation dans le cadre d'une procédure contentieuse à l'encontre des activités concurrencées d'une entreprise bénéficiant d'un monopole public et soumise à des missions de service public, le Conseil fait deux réserves. D'une part, il n'est pas certain que l'on puisse établir l'objet éventuellement anticoncurrentiel de la pratique de l'opérateur dominante à partir de la seule considération de ses coûts et de sa stratégie de prix ; la prise en charge de missions de service public peut, notamment, entraîner des coûts plus élevés que ceux de ses concurrents pour la partie concurrentielle de ses activités. D'autre part, il convient d'examiner en tout état de cause le point de savoir si, indépendamment de son objet, la pratique de l'opérateur dominante a, ou peut avoir, pour effet d'éliminer des entreprises concurrentes aussi efficaces que lui sur le marché concerné.

Partant de ces réserves, le Conseil de la concurrence estime que toute démonstration de prix prédateurs sur des marchés concurrencés d'un monopole public en charge de missions de service public devrait répondre aux quatre questions suivantes :

a) L'opérateur auquel ont été conférés des droits de monopole détient-il une position dominante sur un marché économique pertinent ?

b) Si les prix pratiqués par cet opérateur sur le ou les marchés concurrencés sont analogues ou inférieurs à ceux de ses concurrents, ces concurrents enregistrent-ils des pertes sur ces marchés ? Si ces concurrents réalisent des bénéfices, il y a présomption d'absence de pratique prédatrice ;

c) Si l'opérateur dominant pratique de façon pérenne des prix inférieurs à ses coûts moyens totaux et que ses concurrents enregistrent des pertes sur ces marchés concurrencés, existe-t-il d'autres éléments établissant que les prix pratiqués par le monopoleur public s'inscrivent dans le cadre d'un plan destiné à éliminer ses concurrents ?

d) En l'absence de tels éléments, il conviendra de répondre à une dernière question : si les concurrents de l'opérateur dominant étaient aussi efficaces que celui-ci, continueraient-ils à enregistrer des pertes (à tarification constante) ?

Mais cette dernière question est sans doute celle à laquelle il est le plus difficile de répondre. En effet, elle suppose de pouvoir recalculer les coûts enregistrés par l'opérateur dominant en identifiant les ressources qu'il utilise dans son activité concurrencée, en comptabilisant ces ressources aux coûts où elles sont mobilisées par les concurrents, et en comparant ce résultat avec le prix pratiqué par l'opérateur dominant pour le service concurrencé concerné.

A défaut de pouvoir mettre en œuvre une telle méthode, que le Conseil lui-même reconnaît difficile, il pourrait être considéré qu'il y a prédation si les prix pratiqués par le monopoleur public sont comparables à ceux de ses concurrents et que ces concurrents subissent de manière durable des pertes d'une certaine ampleur. La pérennité de ces pertes, en dépit de l'incitation qu'ils auraient à devenir aussi efficaces que l'opérateur dominant afin de les limiter, constituerait une indication de prédation.

3.2.3. Les aides d'Etat et l'« exception » de service public

L'on a vu plus haut que la mise en œuvre de l'exemption de service public contenue à l'article 90.2 exige la satisfaction de plusieurs critères dont ceux de la nécessité et du respect de l'intérêt communautaire. En matière d'aides d'Etat, ces conditions prennent une signification particulière qu'il convient de signaler au regard de l'importance qu'elle revêt pour les entreprises nationales en charge d'une mission de service public.

Le TPICE a en effet posé une condition de proportionnalité dont la satisfaction est nécessaire à la mise en œuvre de l'article 90.2. Cette condition apparaît souvent comme celle dont la démonstration est la plus difficile à réaliser. La règle de proportionnalité est un principe général du droit communautaire, trouvant expression dans de nombreux domaines [110]. En matière d'aides d'Etat, sa mise en œuvre exige la proportionnalité du montant du financement aux besoins que l'aide vise à satisfaire [111]. Par ailleurs, l'exigence d'interprétation stricte de l'article 90.2, qui résulte de son caractère dérogatoire, renforce cette exigence de proportionnalité [112].

---

110. Exception à la liberté de circulation des marchandises, des personnes et des services (articles 36, 56, 66) ; exemption des ententes anti-concurrentielles (article 85.3).

111. Voir en ce sens BELLAMY AND CHILD, *EC Competition Reporter*, CCH, Londres, 1994 ; CCE, *XIVe Rapport sur la politique de concurrence*, nº 202 ; CJCE, *France/Commission*, 25 juin 1970, aff. 47/69 : *Rec.* p. 487 ; CJCE, *France/Commission*, 11 novembre 1987, aff. 259/85 : *Rec.* p. 4393.

112. La CJCE contrôle l'interprétation restrictive de la Commission, comme elle l'a récemment fait dans l'arrêt relatif aux droits exclusifs d'importation d'électricité en rejetant la conception jugée par trop restrictive de la Commission, CJCE, *Commission/France*, point 53.

Cette règle a été mise en œuvre par le TPICE dans l'arrêt *FFSA* [113]. Le TPICE, effectuant une transposition de la jurisprudence relative à l'application de l'article 90.2 aux articles 85 et 86, pose un principe de compensation :

> « Le versement d'une aide d'Etat est susceptible, en vertu de l'article 90, paragraphe 2, du traité, d'échapper à l'interdiction de l'article 92 dudit traité, à condition que l'aide en question ne vise qu'à compenser les surcoûts engendrés par l'accomplissement de la mission particulière incombant à l'entreprise chargée de la gestion d'un service d'intérêt économique général et que l'octroi de l'aide s'avère nécessaire pour que ladite entreprise puisse assurer ses obligations de service public dans des conditions d'équilibre économique ».

Une aide d'Etat, pour être exonérée de la prohibition de l'article 92 par le jeu de l'« exception » de l'article 90.2, doit donc être strictement proportionnée aux surcoûts résultant des obligations de service public. La règle de proportionnalité est ainsi appliquée en exigeant une stricte compensation.

Le financement des télévisions publiques. — Depuis plusieurs années, les opérateurs privés de télévision contestent le financement des chaînes publiques au titre des dispositions communautaires relatives aux aides d'Etat. Ainsi, en Espagne, la TVE se voit accusée de « dumping publicitaire », au Portugal et en France, la RTP et France Télévision ont fait l'objet de plaintes de leurs concurrents. En Grande-Bretagne, la BBC est attaquée sur son service d'informations en continu par le groupe de M. Murdoch. Outre la question de savoir si ce financement public constitue bien des aides d'Etat au sens de l'article 92.1 du traité, et dans quelle mesure le commerce intra-communautaire risque d'en être affecté, la défense principale mise en œuvre par les gouvernements a été d'invoquer l'application de l'« exception » de service public prévue à l'article 90.2. Les opérateurs publics ont obtenu le soutien du Conseil en faisant adopter à Amsterdam, le 17 juin 1997, un protocole consacré à l'audiovisuel (disposition dont la valeur juridique est à l'égal des articles du traité au terme de son article 239).

Ce protocole reproduit en substance les dispositions de l'article 90.2 en les appliquant au cas précis du financement public des opérateurs audiovisuels ayant en charge une mission de service public. Disposition interprétative du droit communautaire, le protocole d'Amsterdam ne confère pas un blanc-seing à toute forme de financement des chaînes de service public et renvoie à la jurisprudence relative aux articles 92 et 90.2. Les arrêts récents de la CJCE ont établi une série de trois conditions à la mise en œuvre de l'« exception » de service public aux aides d'Etat :

— *Existence d'une mission et d'obligations de service public :* Il faut d'abord qu'existe une mission de service public et des obligations correspondantes à une telle mission. Dans l'affaire de la RTP (7 novembre 1996), la Commission a

113. TPICE, *FFSA*, point 178.

constaté les obligations du service public énoncées par la loi portugaise : la couverture du territoire national et le maintien de bureaux et représentants dans les régions non couvertes par les chaînes concurrentes, la conservation des archives, la coopération avec les pays de langue portugaise, les diffusions de programmes religieux et d'un programme international ainsi que le financement d'un théâtre public. En faisant référence à la *« mission de service public telle qu'elle a été conférée, définie et organisée par chaque Etat membre »*, le protocole d'Amsterdam réaffirme le droit de chaque Etat membre de définir et d'organiser librement cette mission de service public en déterminant les obligations relevant de cette mission.

— *Nécessité de la mission de service public :* Il faut ensuite que la délégation d'un service public à une entreprise soit nécessaire pour réaliser les objectifs des obligations de service public. Le protocole d'Amsterdam établit la satisfaction de la condition de nécessité en disposant : *« Considérant que la radiodiffusion de service public dans les Etats membres est directement liée aux besoins démocratiques, sociaux et culturels de chaque société ainsi qu'à la nécessité de préserver le pluralisme dans les médias... »*. Ainsi, les termes du protocole satisfont à la condition de nécessité de la délégation d'une mission de service public.

— *Proportionnalité du financement public :* Il faut, enfin, que l'aide d'Etat en question soit proportionnée au financement de ce service public. L'article 90.2 *in fine* stipule en effet que *« Le développement des échanges ne doit pas être affecté dans une mesure contraire à l'intérêt de la Communauté »*. Cette règle, mise en œuvre dans le cas des services publics, implique qu'une aide d'Etat, pour être exonérée de la prohibition de l'article 92 par le jeu de l'« exception » de l'article 90.2, doit être proportionnée aux surcoûts résultant des obligations de service public.

Le texte du protocole d'Amsterdam ne diffère pas substantiellement à cet égard des termes de l'article 90.2. Mais la CJCE a estimé, d'une part, que ces dispositions confèrent à la Commission une grande marge d'appréciation dans l'exercice de sa mission de contrôle des Etats membres *(Ladbroke II)*. D'autre part, la CJCE a rappelé à de nombreuses reprises que les dispositions des articles 90.2 et 90.3 invitent la Commission à tenir compte des exigences inhérentes à la mission particulière des entreprises concernées.

Précisément, le protocole d'Amsterdam insiste sur la prise en compte de l'accomplissement de la mission de service public en disposant de manière terminale : *« étant entendu que la réalisation du mandat de ce service public doit être prise en compte »*. Cette marge d'appréciation trouve plus particulièrement lieu à s'appliquer en présence d'obligations qualitatives dont l'évaluation financière apparaît difficile. Cette insistance constitue un des apports principaux du protocole, conférant à la Commission, plus encore que ne l'a fait la jurisprudence existante, une marge d'appréciation élargie. Cette interprétation, conforme à la volonté des Etats membres et du Parlement européen, correspond d'ailleurs au nouvel article 7 D du traité qui édicte que *« la Communauté veille à ce que les services d'intérêt économique général fonctionnent sur la base de principes et dans des conditions qui leur permettent d'accomplir leurs missions »*.

★

Le contrôle des aides d'Etat illustre de manière particulièrement intéressante les différences d'enjeux dans les politiques communautaire et nationale de concurrence. D'un côté, les aides publiques constituent une forme classique et majeure d'interventionnisme dans les économies nationales. A ce titre, elles ne sont soumises à aucun contrôle, en dépit des effets indiscutables sur la concurrence qu'elles peuvent causer. De l'autre côté, ces aides sont déclarées prohibées, par principe, au regard des distorsions qu'elles créent entre entreprises d'Etats membres « concurrents ». Mais cette interdiction de principe constitue, en fait, plus un régime d'encadrement, autorisant sous conditions l'immense majorité des aides [114], notamment au regard de la politique régionale de cohésion. Le contrôle superétatique des aides d'Etat apparaît ainsi doublement légitime. Mais l'application des règles de concurrence aux Etats, et non plus aux entreprises, par une Commission à laquelle la CJCE reconnaît en la matière un large pouvoir d'appréciation, conduit indubitablement à conférer à ce contrôle un fort caractère politique. Ainsi, l'on ne saurait opposer, en matière d'aides, une absence nationale d'application des dispositions de concurrence à une stricte application communautaire de ces règles. Tout se passe comme si l'enjeu politique était simplement déplacé du niveau national au niveau communautaire, à l'image du fonctionnement de l'Union européenne.

---

114. Sur les 553 notifications d'aides enregistrées en 1996, la Commission n'en a interdit que 23, CCE, *XXVIe Rapport sur la politique de concurrence*, 1996, p. 104.

ANNEXES

TEXTES 119

TABLE DE CORRESPONDANCE DES ARTICLES UE
(TRAITE DE ROME/TRAITE D'AMSTERDAM) 125

ARRETS, DECISIONS ET AVIS CITES 127

TEXTES

Ordonnance n° 86-1243 du 1er décembre 1986 relative à la liberté des prix et de la concurrence

Article 7

Sont prohibées, lorsqu'elles ont pour objet ou peuvent avoir pour effet d'empêcher, de restreindre ou de fausser le jeu de la concurrence sur un marché, les actions concertées, conventions, ententes expresses ou tacites ou coalitions, notamment lorsqu'elles tendent à :

1. Limiter l'accès au marché ou le libre exercice de la concurrence par d'autres entreprises ;

2. Faire obstacle à la fixation des prix par le libre jeu du marché en favorisant artificiellement leur hausse ou leur baisse ;

3. Limiter ou contrôler la production, les débouchés, les investissements ou le progrès technique ;

4. Répartir les marchés ou les sources d'approvisionnement.

Article 8

Est prohibée, dans les mêmes conditions, l'exploitation abusive par une entreprise ou un groupe d'entreprises :

1. D'une position dominante sur le marché intérieur ou une partie substantielle de celui-ci ;

2. De l'état de dépendance économique dans lequel se trouve, à son égard, une entreprise cliente ou fournisseur qui ne dispose pas de solution équivalente.

Ces abus peuvent notamment consister en refus de vente, en ventes liées ou en conditions de vente discriminatoires ainsi que dans la rupture de relations commerciales établies, au seul motif que le partenaire refuse de se soumettre à des conditions commerciales injustifiées.

Article 9

Est nul tout engagement, convention ou clause contractuelle se rapportant à une pratique prohibée par les articles 7 et 8.

Article 10.1

Ne sont pas soumises aux dispositions des articles 7 et 8 les pratiques :
1. Qui résultent de l'application d'un texte législatif ou d'un texte réglementaire pris pour son application...

Article 53

Les règles définies à la présente ordonnance s'appliquent à toutes les activités de production, de distribution et de services, y compris celles qui sont le fait de personnes publiques, notamment dans le cadre de conventions de délégation de sevice public.

Traité de Rome

Article 3 (g)

Aux fins énoncées à l'article 2, l'action de la Communauté comporte, dans les conditions et selon les rythmes prévus par le présent traité un régime assurant que la concurrence n'est pas faussée dans le marché intérieur.

Article 5

Les Etats membres prennent toutes mesures générales ou particulières propres à assurer l'exécution des obligations découlant du présent traité ou résultant des actes des institutions de la Communauté. Ils facilitent à celle-ci l'accomplissement de sa mission. Ils s'abstiennent de toutes mesures susceptibles de mettre en péril la réalisation des buts du présent traité.

Article 85

1. Sont incompatibles avec le marché commun et interdits tous accords entre entreprises, toutes décisions d'associations d'entreprises et toutes pratiques concertées, qui sont susceptibles d'affecter le commerce entre Etats membres et qui ont pour objet ou pour effet d'empêcher, de restreindre ou de fausser le jeu de la concurrence à l'intérieur du marché commun, et notamment ceux qui consistent à :

a) fixer de façon directe ou indirecte les prix d'achat ou de vente ou d'autres conditions de transaction ;

b) limiter ou contrôler la production, les débouchés, le développement technique ou les investissements ;

c) répartir les marchés ou les sources d'approvisionnement ;

d) appliquer, à l'égard de partenaires commerciaux, des conditions inégales à des prestations équivalentes en leur infligeant de ce fait un désavantage dans la concurrence ;

e) subordonner la conclusion de contrats à l'acceptation, par les partenaires, de prestations supplémentaires qui, par leur nature ou selon les usages commerciaux, n'ont pas de lien avec l'objet de ces contrats.

2. Les accords ou décisions interdits en vertu du présent article sont nuls de plein droit.

3. Toutefois, les dispositions du paragraphe 1 peuvent être déclarées inapplicables :

— à tout accord ou catégorie d'accords entre entreprises,

— à toute décision ou catégorie de décisions d'associations d'entreprises et

— à toute pratique concertée ou catégorie de pratiques concertées,

qui contribuent à améliorer la production ou la distribution des produits ou à promouvoir le progrès technique ou économique, tout en réservant aux utilisateurs une partie équitable du profit qui en résulte, et sans :

a) imposer aux entreprises intéressées des restrictions qui ne sont pas indispensables pour atteindre ces objectifs ;

b) donner à ces entreprises la possibilité, pour une partie substantielle des produits en cause, d'éliminer la concurrence.

Article 86

Est incompatible avec le marché commun et interdit, dans la mesure où le commerce entre Etats membres est susceptible d'en être affecté, le fait pour une ou plusieurs entreprises d'exploiter de façon abusive une position dominante sur le marché commun ou dans une partie substantielle de celui-ci.

Ces pratiques abusives peuvent, notamment, consister à :

a) imposer de façon directe ou indirecte des prix d'achat ou de vente ou d'autres conditions de transaction non équitables ;

b) limiter la production, les débouchés ou le développement technique au préjudice des consommateurs ;

c) appliquer à l'égard des partenaires commerciaux des conditions inégales à des prestations équivalentes, en leur infligeant de ce fait un désavantage dans la concurrence ;

d) subordonner la conclusion de contrats à l'acceptation, par les partenaires, de prestations supplémentaires qui, par leur nature ou selon les usages commerciaux, n'ont pas de lien avec l'objet de ces contrats.

Article 90

1. Les Etats membres, en ce qui concerne les entreprises publiques et les entreprises auxquelles ils accordent des droits spéciaux ou exclusifs, n'édictent ni ne maintiennent aucune mesure contraire aux règles du présent traité, notamment à celles prévues aux articles 6 et 85 à 94 inclus.

2. Les entreprises chargées de la gestion de services d'intérêt économique général ou présentant le caractère d'un monopole fiscal sont soumises aux règles du présent traité, notamment aux règles de concurrence, dans les limites où l'application de ces règles ne fait pas échec à l'accomplissement en droit ou en fait de la mission particulière qui leur a été impartie. Le développement des échanges ne doit pas être affecté dans une mesure contraire à l'intérêt de la Communauté.

3. La Commission veille à l'application des dispositions du présent article et adresse, en tant que de besoin, les directives ou décisions approuvées aux Etats membres.

Article 92

1. Sauf dérogations prévues par le présent traité, sont incompatibles avec le marché commun, dans la mesure où elles affectent les échanges entre Etats membres, les aides accordées par les Etats ou au moyen de ressources d'Etat sous quelque forme que ce soit qui faussent ou qui menacent de fausser la concurrence en favorisant certaines entreprises ou certaines productions.

2. Sont compatibles avec le marché commun :

a) les aides à caractère social octroyées aux consommateurs individuels, à condition qu'elles soient accordées sans discrimination liée à l'origine des produits ;

b) les aides destinées à remédier aux dommages causés par les calamités naturelles ou par d'autres événements extraordinaires ;

c) les aides octroyées à l'économie de certaines régions de la République fédérale d'Allemagne affectées par la division de l'Allemagne, dans la mesure où elles sont nécessaires pour compenser les désavantages économiques causés par cette division.

3. Peuvent être considérées comme compatibles avec le marché commun :

a) les aides destinées à favoriser le développement économique de régions dans lesquelles le niveau de vie est anormalement bas ou dans lesquelles sévit un grave sous-emploi ;

b) les aides destinées à promouvoir la réalisation d'un projet important d'intérêt européen commun ou à remédier à une perturbation grave de l'économie d'un Etat membre ;

c) les aides destinées à faciliter le développement de certaines activités ou de certaines régions économiques, quand elles n'altèrent pas les conditions des échanges dans une mesure contraire à l'intérêt commun. Toutefois, les aides à la construction navale existant à la date du 1er janvier 1957, pour autant qu'elles ne correspondent qu'à l'absence d'une protection douanière, sont progressivement réduites dans les mêmes conditions que celles applicables à l'élimination des droits de douane, sous réserve des dispositions du présent traité visant la politique commerciale commune vis-à-vis des pays tiers ;

d) les aides destinées à promouvoir la culture et la conservation du patrimoine, quand elles n'altèrent pas les conditions des échanges et de la concurrence dans la Communauté dans une mesure contraire à l'intérêt commun ;

e) les autres catégories d'aides déterminées par décision du Conseil statuant à la majorité qualifiée sur proposition de la Commission.

Article 93

1. La Commission procède avec les Etats membres à l'examen permanent des régimes d'aides existant dans ces Etats. Elle propose à ceux-ci les mesures utiles exigées par le développement progressif ou le fonctionnement du marché commun.

2. Si, après avoir mis les intéressés en demeure de présenter leurs observations, la Commission constate qu'une aide accordée par un Etat ou au moyen de ressources d'Etat n'est pas compatible avec le marché commun aux termes de l'article 92, ou que cette aide est appliquée de façon abusive, elle décide que l'Etat intéressé doit la supprimer ou la modifier dans le délai qu'elle détermine.

Si l'Etat en cause ne se conforme pas à cette décision dans le délai imparti, la Commission ou tout autre Etat intéressé peut saisir directement la Cour de justice, par dérogation aux articles 169 et 170.

Sur demande d'un Etat membre, le Conseil, statuant à l'unanimité, peut décider qu'une aide, instituée ou à instituer par cet Etat, doit être considérée comme compatible avec le marché commun, en dérogation des dispositions de l'article 92 ou des règlements prévus à l'article 94, si des circonstances exceptionnelles justifient une telle décision. Si, à l'égard de cette aide, la Commission a ouvert la procédure prévue au présent paragraphe, premier alinéa, la demande de l'Etat intéressé adressée au Conseil aura pour effet de suspendre ladite procédure jusqu'à la prise de position du Conseil.

Toutefois, si le Conseil n'a pas pris position dans un délai de trois mois à compter de la demande, la Commission statue.

3. La Commission est informée, en temps utile pour présenter ses observations, des projets tendant à instituer ou à modifier des aides. Si elle estime qu'un projet n'est pas compatible avec le marché commun, aux termes de l'article 92, elle ouvre sans délai la procédure prévue au paragraphe précédent. L'Etat membre intéressé ne peut mettre à exécution les mesures projetées, avant que cette procédure ait abouti à une décision finale.

Article 94

Le Conseil, statuant à la majorité qualifiée sur proposition de la Commission et après consultation du Parlement européen, peut prendre tous règlements utiles en vue de l'application des articles 92 et 93 et fixer notamment les conditions d'application de l'article 93, paragraphe 3, et les catégories d'aides qui sont dispensées de cette procédure.

Article 222

Le présent traité ne préjuge en rien le régime de la propriété dans les Etats membres.

TABLE DE CORRESPONDANCE DES ARTICLES UE

TRAITE DE ROME/TRAITE D'AMSTERDAM

Ancienne numérotation (traité de Rome)	Nouvelle numérotation (traité d'Amsterdam)
Article 3	Article 3
Article 5	Article 10
Article 85	Article 81
Article 86	Article 82
Article 90	Article 86
Article 92	Article 87
Article 93	Article 88
Article 94	Article 89
Article 222	Article 295

La numérotation utilisée dans l'ouvrage est celle du traité de Rome.

ARRÊTS, DÉCISIONS ET AVIS CITÉS

DROIT INTERNE

• Tribunal des conflits

Ville de Pamiers, 6 juin 1989 : *RFDA*, 1989, p. 451 ; ***16-28,*** *76* *.
Datasport, 4 novembre 1996 : *JCP* éd. G, 1997, II, 22802 ; ***28-29,*** *33, 35.*

• Conseil de la concurrence

Grand-Perrin, 24 avril 1991 : *BOCCRF*, 11 mai 1991, p. 133 ; ***20,*** *30.*
Météorologie nationale, 13 mai 1992 : *BOCCRF*, 4 juillet 1992, p. 224 ; ***21.***
Mutuelle générale des Services publics, 28 avril 1993 : *BOCCRF*, 19 juin 1993, p. 169 ; ***32, 99.***
Confédération européenne de défense des travailleurs indépendants, 8 juin 1993 : *BOCCRF*, 25 juillet 1993, p. 197 ; ***31.***
Entreprise d'insertion par l'économique, (Avis) 5 janvier 1994 : *BOCCRF*, 9 février 1994, p. 74 ; ***100.***
Caisse de secours mutuelle des travailleurs indépendants, 8 mars 1994 : *BOCCRF*, 8 mai 1994, p. 167 ; ***31.***
Chambre syndicale française de l'affichage, 5 septembre 1995 : *BOCCRF*, 6 novembre 1995, p. 434 ; ***30.***
Adidas, 12 juillet 1995 : *BOCCRF*, 8 septembre 1995, p. 391 ; ***33-34,*** *43.*
SNCF-Sernam (Avis), 17 octobre 1995 : *BOCCRF*, 28 février 1998, p. 73 ; *88,* ***90-91.***
ADA, 16 janvier 1996 : *BOCCRF*, 16 mars 1996, p. 105 ; *30.*
Activités financières de La Poste, (Avis) 25 juin 1996 : *BOCCRF*, 3 septembre 1998, p. 344 ; ***83, 88, 90, 92.***
Héli-Inter Assistance, 3 septembre 1996 : *BOCCRF*, 8 janvier 1997, p. 3, 23 septembre 1997 : *BOCCRF*, 2 novembre 1997, p. 812 ; ***94.***
Groupement des Editions et de la Presse nautiques, (Avis) 25 février 1997 : *BOCCRF*, 18 novembre 1997, p. 759 ; ***93.***
Activité téléphonie mobile de France Télécom, (Avis) 27 mai 1997 : *BOCCRF*, 28 février 1998, p. 81 ; ***85-87.***
UGAP/CAMIF, 13 janvier 1998 : *JCP*, éd. G, 1998, II, 10217 ; ***76.***

---

* Les chiffres en italique renvoient aux pages de l'ouvrage où ces décisions sont mentionnées ou commentées.

Aéroports de Paris, 15 décembre 1998 : *BOCCRF*, 20 mars 1999, p. 101 ; ***30.***

• Cour d'appel de Paris

CMS/France Télécom, 7 février 1994 : *Gaz. Pal.*, 22-23 juillet 1994, p. 18 ; ***27,*** *75.*
Adidas, 23 août 1995 : *BOCCRF*, 29 septembre 1995, p. 403 ; ***34,*** *43.*
Héli-Inter Assistance, 9 septembre 1997 : *BOCCRF*, 7 octobre 1997, p. 692 ; ***94.***
Navsa/Semmaris, 20 janvier 1998 : *BOCCRF*, 17 février 1998, p. 50 ; ***29.***

• Cour de cassation

Pelé, 12 juillet 1993, non publié, *CD Rom Juridisques Lamy*, n° 1343 ; ***32.***
Guy Couach Pascoa, 14 décembre 1993 : *BOCCRF*, 8 avril 1994, p. 141 ; ***21.***
La Cinq/FFF, 1er mars 1994 : *BOCCRF*, 29 mars 1994, p. 103 ; ***36.***
Total Réunion Comores, 5 mars 1996 : *D.*, 1996, IR p. 87 ; ***31.***
Adidas, 2 décembre 1997 : *BOCCRF*, 31 décembre 1997, p. 82 ; 27, ***35.***

• Conseil d'Etat

Départements des Alpes Maritimes, 18 novembre 1991 : *Rec. Lebon*, p. 396 ; ***98.***
CGE, 23 juillet 1993 : *Rec. Lebon*, p. 226 ; ***19,*** *25.*
Million et Marais, 3 novembre 1997, non publié ; *16,* ***23-25,*** *76, 98, 101.*
Union hospitalière privée, 1er avril 1998, non publié ; *16,* ***25-27,*** *77.*

• DROIT COMMUNAUTAIRE

• Commission européenne

Mediterraneo Tecnica Textil, 25 mars 1992 : *JOCE*, L 171, 26 juin 1992 ; ***105.***
Caisse des Dépôts, 27 juillet 1994 : *JOCE*, L 258, 6 novembre 1994 ; ***109.***

• Tribunal de première instance des Communautés européennes

Ladbroke II, 27 octobre 1994, aff. T-32/93 : *Rec.* II, p. 1015 ; ***52, 68.***
FFSA, 27 février 1997, aff. T-106/95 : *Rec.* II, p. 229 (confirmé par CJCE) ; ***50, 55,*** *114.*
Sytraval, 28 septembre 1995, aff. T-95/94, *Rec.* II, p. 2651 ; ***89.***

• Cour de justice des Communautés européennes

Grundig, 23 juillet 1966, aff. 56-58/64 : *Rec.* p. 430 ; ***73.***
Sacchi, 30 avril 1974, aff. 155/73 : *Rec.* p. 409 ; ***47, 52,*** *70, 74.*
Reyners, 21 juin 1974, aff. 2/74 : *Rec.* p. 631 ; ***43.***
Suiker Unie, 16 décembre 1975, aff. 114/73 : *Rec.* p. 1663 ; ***56.***
GB-Inno/ATAB, 16 novembre 1977, aff. 13/77 : *Rec.* p. 2115 ; ***56,*** *71.*
Commission/Italie, 14 juillet 1983, aff. 203/82 : *Rec.* p. 2525 ; ***57, 105.***
Hydrotherm, 12 juillet 1984, aff. 170/83 : *Rec.* p. 2999 ; ***39.***
Commission/France, 30 janvier 1985, aff. 290/83 : *Rec.* p. 439 ; ***104.***
British Telecom, 20 mars 1985, aff. 41/83 : *Rec.* p. 873 ; ***39,*** *41.*
Bodson, 4 mai 1988, aff. 30/87 : *Rec.* p. 2479 ; ***40.***
Alfa Roméo, 21 mars 1991, aff. 305/89 : *Rec.* I, p. 1635 ; ***111.***
ENI-Lanerossi, 21 mars 1991, aff. C-303/88 : *Rec.* I, p. 1433 ; ***111.***
Höfner, 23 avril 1991, aff. C-41/90 : *Rec.* I, p. 1979 ; *41, 44, 45, 55,* ***71,*** *73, 75.*
ERT, 18 juin 1991, aff. C-260/89 : *Rec.* I, p. 2925 ; *5,* ***71,*** *75, 77.*
Port de Gênes, 10 décembre 1991, aff. C-179/90 : *Rec.* I, p. 5009 ; ***73,*** *76.*
RTT, 13 décembre 1991, aff. C-18/88 : *Rec.* I, p. 5941 ; ***72,*** *73.*
Poucet, 17 février 1993, aff. C-159-160/91 : *Rec.* I, p. 637 ; ***44,*** *45.*
Corbeau, 19 mai 1993, aff. C-320/91 : *Rec.* I, p. 2533 ; ***41,*** *47, 53, 73.*
Reiff, 17 novembre 1993, aff. C-185/91 : *Rec.* I, p. 5801 ; ***57.***
Meng, 17 novembre 1993, aff. C- 2/91 : *Rec. I,* p. 5801 ; ***57.***
Ohra, 17 novembre 1993, aff. C-245/91 : *Rec. I,* p. 5851 ; ***57.***
Kirsammer, 30 novembre 1993, aff. C-189/91 : *Rec.* I, p. 6215 ; ***105.***
Eurocontrol, 19 janvier 1994, aff. C-364/92 : *Rec.* I, p. 43 ; ***42-43.***
Commune d'Almelo, 27 avril 1994, aff. C-393/92 : *Rec.* I, p. 5097 ; ***51-53.***
Commune de la Crespelle, 5 octobre 1994, aff. C-323/93 : *Rec.* I, p. 5077 ; ***72-74.***
Spediporto, 5 octobre 1995, aff. C-96/94 : *Rec.* I, p. 2883 ; ***57.***
FFSA, 16 novembre 1995, aff. C-244/91 : *Rec.* I, 1995, p. 19 ; ***44-45.***
Fonds national d'emploi, 26 septembre 1996, aff. C-241/94 : *Rec.* I p. 4570 ; ***103.***
Diego Cali, 18 mars 1997, aff. C-343/95, *Rec.* I, p. 1547 ; 47, ***50-51.***
Commission/France, 23 octobre 1997, aff. C-159/94 : *Rec.* I, p. 5819 ; ***54.***
Commission/Pays-Bas, 23 octobre 1997, aff. C-157/94 : *Rec.* I, p. 5699 ; ***54, 55.***
Job Centre Coop, 11 décembre 1997, aff. C-55/96 : *Rec.* I, p. 7118 ; ***75.***
Silvano Raso, 12 février 1998, aff. C-163/96 : *Rec.* I, p. 533 ; 71, ***75.***
FFSA, 25 mars 1998, aff. C-174/97 P : *Rec.* I, p. 1303 ; ***50.***
Sytraval, 20 avril 1998, aff. C-376/95 P : *Rec.* I, p. 1719 ; ***89.***
Autotrasporti Librandi, 1er octobre 1998, aff. C-38/97, non publié ; ***57.***

INDEX

A

Abus automatique, **72-75.**
Abus de position dominante, 24, **72-75,** 81.
Abus sur un marché secondaire, **81.**
Acte détachable, **33-35.**
Aides d'Etat, **97-113.**
Aides communautaires, **106.**
Audiovisuel, 114.

C

Compétence juridictionnelle, **16-26, 78.**
Conditions de vente discriminatoires, 82.
Convention d'occupation du domaine public, **29-31.**

D

Décentralisation, 98.
Discrimination, 82.
Diversification, **79, 93.**
Droits exclusifs et spéciaux, **64-66.**

E

Electricité, 51, 54, 69, 95.
Entreprise, **38-46.**
Exemption / « exception » de service public, **27-35, 46-56.**
Extension de position dominante, 72.

G

Garantie, 58, 69, 95, 104.

I

Intérêt communautaire, **55.**
Intervention législative, **27, 56-59.**

L

Libéralisation, **63-75.**
Liberté du commerce et de l'industrie, **97-98.**

M

Monopoles, **64-65.**
« Monopole défaillant », **71.**

P

Préférence de groupe, **110-112.**
Prérogatives de puissance publique, **28-31, 41-43.**
Prix de cession interne/externe, **92-93.**
Prix prédateurs, **83, 84.**
Prix de transfert, **92.**
Privatisation, 104, 109.
Protocole communautaire, **49.**

R

Règlement, 66.
Refus de vente, 82.
Réglementations étatiques, **27, 56-59.**

S

Sécurité sociale, **31-33, 43-46.**
Séparation comptable, **89-95.**
Service public (notion), **47-50.**
Service universel, **47-50.**
Service d'intérêt économique général, **47-50.**
Spécialité, **95.**
Subventions croisées, **84-86.**

T

« Test de l'investisseur privé », **108-110.**
Transparence financière, **89-90,** 107.

INDEX DES ENCARTS PRATIQUES

Protocoles et déclarations relatifs au service public 49
La réglementation norvégienne en matière de gaz 58
La libéralisation du secteur énergétique : la directive Electricité .. 69
Rapprochement entre entreprises privées et monopole public 85
La diversification au regard du droit public 95
Engagement de garantie donné par l'Etat à l'occasion d'une privatisation 104
Peut-on appliquer les règles relatives aux aides d'Etat aux aides communautaires ? 105
Proposition de modification de la directive Transparence 107
Les aides du Crédit Lyonnais.. 109
Avis du Conseil de la concurrence relatif aux activités financières de La Poste 112
Le financement des télévisions publiques 114

TABLE DES MATIERES

Préface de Laurence IDOT 5
Sommaire 7
Introduction 11

PREMIERE PARTIE

COMMENT LE DROIT DE LA CONCURRENCE VIENT AU SECTEUR PUBLIC

1. LE DROIT FRANÇAIS DE LA CONCURRENCE 15

1.1. L'application de l'ordonnance de 1986 aux activités économiques des personnes publiques 16

1.1.1. La jurisprudence *Ville de Pamiers* 16
a) La décision du Tribunal des conflits : une source de confusions 16
b) La confusion des juridictions dans la mise en œuvre 19

1.1.2. L'intervention inutile du législateur (loi n° 95-127 du 8 janvier 1995) 22

1.1.3. Les revirements de 1997 et 1998 : Le contrôle des actes et contrats administratifs par les juridictions administratives 23
a) L'arrêt *Million et Marais* : L'examen des contrats administratifs détachables des actes administratifs 24
b) L'arrêt *Union hospitalière privée* : L'examen des actes administratifs détachés de tout contrat 25

1.2. L'exercice d'une mission de service public 27

1.2.1. L'ordonnance de 1986 ne s'applique pas aux activités relevant de l'exercice de prérogatives de puissance publique 28
a) L'existence de prérogatives de puissance publique constitue en tant que telle une dérogation à l'applicabilité des règles de concurrence 28
b) Les conventions d'occupation du domaine public 29
c) Les régimes de sécurité sociale 31

1.2.2. Les activités détachables de l'exercice de prérogatives de puissance publique 33
a) L'exigence d'un lien de causalité entre acte administratif et convention 33
b) L'examen du contenu de la mission de service public 35

2. LE DROIT COMMUNAUTAIRE DE LA CONCURRENCE 37

2.1. L'application du droit de la concurrence à toutes les entreprises 37

2.1.1. De la notion à la définition de l'entreprise 38

a) La notion d'entreprise : adoption d'un critère fonctionnel 38

b) La définition de l'entreprise : rejet du critère organique 40

2.1.2. L'exercice de prérogatives de puissance publique 41

2.1.3. Entreprise et sécurité sociale 43

2.2. L'exercice d'une mission de service public 46

2.2.1. Service public et services d'intérêt économique général 47

2.2.2. La difficile mise en œuvre de l'« exception » de service public 50

a) Existence d'un acte de délégation de service public 50

b) Existence d'obligations liées à la mission d'intérêt économique général 51

c) Démonstration du critère de nécessité 52

d) Respect de l'intérêt communautaire 55

2.2.3. Les réglementations étatiques restrictives de concurrence 56

DEUXIEME PARTIE

COMMENT LE DROIT DE LA CONCURRENCE S'APPLIQUE AU SECTEUR PUBLIC

1. LA LIBÉRALISATION ET LE CONTRÔLE DES MONOPOLES 63

1.1. La libéralisation des monopoles étatiques 64

1.1.1. La suppression des monopoles étatiques restrictifs de concurrence 64

a) L'application conjointe de plusieurs dispositions de concurrence 64

b) Monopoles, droits exclusifs et spéciaux 65

1.1.2. Les pouvoirs de la Commission 66

a) Choix des moyens 66

b) Choix de l'action 68

1.2. Le contrôle des monopoles étatiques 70

1.2.1. Prémisses et consécration de « la nouvelle approche » 70

a) Le monopole défaillant : l'affaire *Höfner* 71

b) Le conflit d'intérêt : l'affaire *ERT* 71

c) L'extension de la position dominante : l'affaire *RTT* 72

d) La neutralité du régulateur : l'affaire *Terminaux de télécommunication* 72

1.2.2. L'abus automatique 72

a) La consécration : les affaires *Port de Gênes et Corbeau* 73

b) La remise en cause : l'affaire *Commune de la Crespelle* 74

c) L'application de l'article 90.1 par les juridictions françaises... 75

2. La diversification des monopoles 79

2.1. Les risques de distorsions de concurrence résultant de la diversification 80

2.1.1. Abus de position dominante sur un marché annexe 81

2.1.2. Conditions de vente discriminatoires et refus de vente 82

2.1.3. Prix prédateurs 82

2.1.4. Subventions croisées 84

2.2. Le principe de séparation des activités de diversification 86

2.2.1. Séparation juridique 87

2.2.2. Séparation matérielle et humaine 88

2.2.3. Séparation comptable 89

a) Séparation comptable et transparence financière 89

b) Modalités de financement 91

c) Prix de cession interne (prix de transfert) 92

d) Prix de cession externe (prix prédateurs) 92

e) Coûts internes 93

3. Le contrôle des aides d'Etat 97

3.1. Le droit français 97

3.1.1. L'interventionnisme économique : les lois de décentralisation 98

3.1.2. Le prochain contrôle du droit interne de la concurrence 99

3.2. Le droit communautaire 101

3.2.1. Une définition extensive des aides d'Etat 102

a) Un avantage 103

b) Un avantage accordé par l'Etat 104

c) Un avantage accordé par l'Etat et favorisant certaines entreprises ou certaines productions 105

3.2.2. Le cas particulier des aides aux entreprises publiques 106

a) L'obligation de transparence 106

b) Le « test de l'investisseur privé » 108

c) Les aides aux filiales : la préférence de groupe 110

3.2.3. Les aides d'Etat et l'« exception » de service public 113

Annexes 117

Index 131

Index des encarts pratiques 132

Traitement informatique,
impression, façonnage par

IMPRIMERIE
FRANCE QUERCY
CAHORS

D'après Montages et Gravure Numériques
(Computer To Plate)

N° d'impression : 90544 L
Dépôt légal : mai 1999